AMAℤ

MW01228716

O VOTO FACULTATIVO

NO

ESTADO DEMOCRÁTICO DE DIREITO

by Charles Rocha

BIRITIBA-MIRIM - SP

2022

Exemplares desta e-publicação podem ser adquiridas no sítio www.amazon.com.br

© 2022 Charles Rocha. O Voto Facultativo no Estado Democrático de Direito Charles Rocha/Dr. Carlos José OAB/SP 340.010.

Autor / e-mail: charlesrocha.wr@gmail.com Blog: https://charlesrocha-wr.blogspot.com

Revisão: Orientadora *Profª Drª Carmen A. Rico.*

Projeto e design gráfico:

Gabriela Rosa Coelho, e-mail: gabyrosacoelho.photos@gmail.com

Capa: Fotografia by *"Gabriela Rosa Coelho"*.

(Praia do Indaiá, Bertioga, SP, Brasil, inverno/2021).

Imagem do autor, fig. 25: Fotografia by *"Eduarda Namie Muramatsu"*.

Imagem do autor, fig. 26: Fotografia by *"João Rafael Silva Dias"*.

Imagem, fig. 21, 22 e 24: Colaboração de Thamires Lima, modelo publicitário pela Agência Just Models, São Paulo-SP, Brasil.

Livro físico e digital diagramado no *software* livre: OpenOffice - versão: 3.3.0 a 4.1.13, 2012-2022.

Livro digital diagramado no software: *Kindle Create*, versão: 1.71.0.0, outubro de 2022.

Todos os direitos desta obra são reservados ao autor; portanto, é proibida a reprodução total ou parcial desta e-publicação, de qualquer forma ou por quaisquer meios sem a sua expressa autorização; nos termos da Lei nº 10.610/1998 - Lei de direitos autorais e do Art. 184 do Código Penal.

Dados Internacionais de Catalogação na Publicação (CIP)
(Câmara Brasileira do Livro, SP, Brasil)

Rocha, Charles

O voto facultativo no Estado Democrático de
Direito / Charles Rocha. -- Biritiba-Mirim, SP :
Ed. do Autor, 2022.

Bibliografia.

ISBN 978-65-00-58469-1

1. Democracia - Brasil 2. Direito constitucional - Brasil 3. Estado de Direito 4. Política - Brasil 5. Votos (Eleições) - Brasil I. Título.

22-138619   CDU -342.8 (81)

Índices para catálogo sistemático:

1. Brasil: Direito eleitoraL 342.8 (81)

Aline Graziele Benitez - Bibliotecária - CRB-1/3129

DEDICATÓRIA

Ao Senhor, O Criador dos Céus e da
Terra, que nos dá a vida; à Pr^a
Ercília Benedito, à Ap^a. Nair Bonfim
dos Santos –*in memoriam*; ao Dr.
Tayliton Oliveira, grandes amigos; a
Sra. Ilma Viegas, mãe irmã; à Gaby,
ao Kekê e à Tati, meus filhos; à
advogada e Professora Drª Carmen
A. Rico, minha orientadora.

EPÍGRAFE

"Se, primeiro, Deus, o Criador não fizer, o homem, por si só, nada pode fazer. Ah, esse Deus não é gente, ou seja, não é como eu e você!"

(Nair Bonfim dos Santos)
In memoriam

AGRADECIMENTOS

Aos docentes do curso de Direito, por quem tive o privilégio de ser iniciado no estudo das ciências jurídicas, em especial à Drª Maria de Lourdes Colacique Silva Leme, os quais tenho a honra de tê-los como Mestres.

PREFÁCIO

Amanheci o dia pensando no que escreveria no prefácio de um livro. Na verdade, não é que não soubesse como organizar tal momento, mas este ato de ansiedade, e que também é de responsabilidade, misturou-se na alegria e fizeram este momento, que para mim, confesso, é novo; pois, nunca tinha recebido um convite deste tipo. Poderia dizer também que de tudo que se escreve só resta a lembrança de que um dia alguém pôde se debruçar na ação de ler.

O homem é um ser historicamente construído, e assim, viaja ao longo dos tempos, onde a história se constrói e também se destrói aos olhos de quem vê a vida de quem observou, vivenciou e experimentou. Estas incursões de certa forma, até, então, incompreensíveis aos olhos do leitor acontecem por eu estar vivendo momento ímpar de minha existência humana e também profissional. Sou historicamente construído, e nesta dimensão histórica tenho um seio que é social, cultural e que também é político ou até mesmo apolítico.

Honrosamente, estou aqui, e, após o convite aceito debrucei-me em cada página para que pudesse conhecer a obra a qual estaria prefaciando. Então, fazer um prefácio é, de fato, trazer elementos que antecedem, mas que já demonstram a riqueza das mais várias linhas escritas na essência de um livro.

A obra "O VOTO FACULTATIVO NO ESTADO DEMOCRÁTICO DE DIREITO" nos permite viajar ao longo da história que demarcara nossa democracia, mas também traz um contexto onde especificamente trata do Direito Eleitoral a partir da compreensão de sua natureza e as suas especificidades. Lembrando que, embora, o Voto facultativo seja alvo de grandes debates no contexto Brasileiro, todavia, não percebemos o desejo político para tal ação.

E assim, se fala em democracia no Brasil, mas, somos obrigados a comparecer e a honrar o dever e o direito eleitoral. Precisamos votar e claro que ouso afirmar que se o voto eleitoral fosse facultativo "muitos brasileiros" não iriam às urnas.

É fato que no Brasil existem duas correntes, as quais chamo: "Os Favoráveis e os desfavoráveis" ao voto facultativo, pois, os que são desfavoráveis dizem que nossa democracia ainda é um Bebê em desenvolvimento e que se encontra atrelada às desigualdades sociais, porquanto muitos brasileiros ainda vivem em estado de pobreza e sem saber, sequer, assinarem seus nomes.

Tal corrente de pensadores, também afirmam que o voto educa para a cultura do exercício político para o estabelecimento desse direito. Esse argumento, ao longo das vivências, por mim experimentadas, no campo jurídico me inquietam; pois remetem ao questionamento: Como é que eu posso educar alguém desta forma? Eles ainda dizem que votando obrigatoriamente garantimos credibilidade para a política brasileira e que, assim, compomos a história da democracia de nosso país, onde para, além disso, ainda falam de custo benefício.

Para os favoráveis ao voto facultativo, este seria de

fato um direito, isto é, "Eu" escolho ir às urnas, ou não; ou "Eu" vou ao lugar de votação, porque me sinto preparado para este momento que não será percebido como constructo do meu dever, mas, sim, um estado de desejo e de direito. Além disso, o voto facultativo seria a consolidação da democracia em sua essência plena, já que a partir de um estado democrático, o direito à liberdade é preconizado nas entrelinhas de nossa Constituição Federal, que, também, é chamada de Constituição Cidadã.

Ressalta-se também na visão dos Favoráveis que se o voto se tornasse facultativo, os Brasileiros seriam mais conscientes. Essa consciência perpassaria pelo interesse à política brasileira, pela busca de novos conhecimentos e por um debate ideológico imbuído de análise e profundas reflexões evitando-se, assim, o chamado "voto por demarcação territorial e os currais eleitorais" que metaforizando ainda demarcam o voto de cabresto, esse, muito percebido na época do Coronelismo onde o voto era controlado pelo uso do autoritarismo da época da República Velha, onde práticas abusivas de compra de voto, uso do dinheiro público eram claramente visíveis naquela sociedade.

É, olhem a história do ontem, muito presente no hoje!

Ultimamente o voto, ir às urnas, ou, enfim, como se queira chamar, tem sido momento de muita confusão ideológica dos eleitores, porque têm se deparado com as maiores atrocidades da política brasileira nos últimos tempos.

Assim, nasceu a obra "O Voto Facultativo no Estado

Democrático de Direito". Trabalho jurídico que em seu bojo de análise e reflexão apresentará, em três capítulos, o Sistema Eleitoral Brasileiro a partir de elementos que se consolidam e se relacionam, a partir do entendimento da história e dos mais diferentes significados e significantes das seguintes dimensões: Sufrágio Universal, Voto e Voto Facultativo, na tentativa de trazer o diálogo de concepções e percepções que se correlacionam, mas que também se individualizam.

O Livro O Voto Facultativo no Estado Democrático de Direito, proporcionará ao leitor a oportunidade de verificar as diferentes fases da democracia ao longo da história, onde caminharemos desde a Antiguidade até o contexto do Ictus Final e do Ictus Inicial de nossa história mundial. Adentrará nas entrelinhas do Estado Democrático onde traz elementos do Direito Eleitoral e por fim apresentará as dissonâncias doutrinárias mormente "O Voto facultativo", onde irá dialogar sobre os motivos, pelos quais, crê, que o voto deva ser obrigatório e os motivos a refletir, o por quê, pensa que, na prática, o voto deva ser facultativo.

Assim, findo minha missão de prefaciar, com orgulho e com o coração cheio de profundos agradecimentos. Também, pela oportunidade, pelo respeito e, sobretudo; pela confiança a mim dada. Então, vamos nos debruçar nesta obra que irá contribuir para as ciências jurídicas, sociais e humanas e que, certamente, trará um novo olhar para o Direito Eleitoral em um país que precisa ressignificar a função social do voto eleitoral e do conceito de cidadania.

Me Eduardo Henrique Gomes Oliveira Pena.

Advogado, Mestre em Ciências Jurídica e Docente no Curso de Direito em Caldas Novas – GO.

RESUMO

O trabalho de pesquisa tem por escopo abordar o tema "Voto Facultativo", no sistema eleitoral brasileiro, indo de encontro à obrigatoriedade do voto; posto que nesse tema haja dissonâncias, ou seja; há corrente que entende que ele continue sendo obrigatório e há a corrente com livres pesquisadores da área jurídica que pensam que, no Brasil, o voto deve ser facultativo, isto é; os cidadãos brasileiros, uma vez que têm o direito, o poder, de votar e serem votados devem também ter a liberdade de exercitar ou não esse direito, haja vista o fato de que vivem em um Estado democrático de direito, e se assim o é, então não há que se falar em direito ou poder de votar; porque, uma vez que são coagidos pelo Estado a comparecerem às sessões eleitorais para exercitarem o seu "direito", tem-se assim, um "poder dever" propriamente dito e não o exercício pleno de um direito subjetivo, posto que à inércia do eleitor lhe é cominado sanção. Então esse Poder coercitivo vem macular o regime democrático, que sob tal égide vive a nação brasileira, criando um antagonismo entre as partes "a" e "b" desta assertiva: **"O povo brasileiro tem o direito de votar; porém caso não o exercite, sofrerá as cominações legais".** Estamos diante de um juízo hipotético de valor em que o imperativo se torna evidente no verbo "ter", transmudando-se em juízo categórico, a partir do qual, de forma subliminar, lê-se: *"O povo brasileiro* **tem a obrigação** *de votar";* assim para que o Brasil conheça plenamente a democracia de fato, necessária se faz *a* *desabilitação do comando positivado na norma jurídica* que obriga, segundo o IBGE, quase 135.000.000 (Cento e trinta e cinco milhões) de eleitores a comparecerem ao pleito eleitoral. Portanto, quando isso for uma realidade nacional, então o Brasil terá, de fato, consolidado a democracia e sua nação a estará exercendo de forma plena.

LISTA DE ILUSTRAÇÕES

SUMÁRIO

INTRODUÇÃO

O objetivo específico desta pesquisa é examinar, nestes três capítulos, o sistema eleitoral brasileiro, sua evolução histórica e o significado das expressões "sufrágio universal, voto e voto facultativo", observando-se os elementos que os caracterizam.

No capítulo I, sob o título "As fases da democracia no tempo", discorrer-se-á sobre os princípios norteadores que, desde os primórdios, conceberam a democracia, o conceito de cidadania, e quem tinha legitimidade para exercê-la. Em seus subtítulos, tais como: Evolução histórica, Grécia antiga, Roma antiga, Inglaterra, cenário de transição para o mundo moderno, Revolução Inglesa como movimento precursor da democracia, Revolução Francesa como expoente máximo do anseio "popular" e A tomada da Bastilha, ictus final e ictus inicial da história mundial; tem-se a narrativa, histórica, das etapas marcantes do processo de evolução social que culminaram na democracia, que tem a liberdade, precipuamente, como um de seus postulados, sendo sucedida pela igualdade e a fraternidade que, aliás, junto com aquela formam o tríplice sustentáculo da democracia, cujos ideais ecoam, para, além dos tempos, ou seja, perpetuamente.

No capítulo II, sob o título "Do Estado Democrático de direito", discorrer-se-á sobre a subjetividade do cidadão em detrimento da vontade do Estado, bem como a legitimidade, desse, para requerer daquele, compulsoriamente, sua submissão; bem como a natureza do voto e suas características, ante os direitos de cidadania. Em seus subtítulos, quais sejam: O Direito Eleitoral no Brasil, As faces da democracia nas Repúblicas do Brasil, A Constituição Política do Império do Brasil de 1824, A Constituição da República dos Estados Unidos do Brasil 1891, A Constituição da República dos Estados Unidos do Brasil de 1934, A Constituição dos Estados Unidos do Brasil de 1937, A Constituição dos Estados Unidos do Brasil de 1946, A Constituição da República Federativa do Brasil de 1967, A Constituição da República de 1967, EC nº 01/1969, A Constituição Federal da República Federativa do Brasil de 1988, Natureza jurídica do voto, Características do voto e os direitos de cidadania; tem-se como escopo demonstrar o espírito da palavra democracia, na acepção jurídica do termo, bem como demonstrar a natureza do voto e suas características, expondo as razões que relacionam a prática do ato de votar com os direitos de cidadania tendo como princípio basilar a liberdade subjetiva, bem maior, preconizado pela Carta Magna, em seu artigo 5º, "Caput".

No capítulo III, sob o título "Dissonâncias doutrinárias mormente o voto facultativo", discorrer-se-á sobre os motivos de fato e de direito que levam doutrinadores a pregar a manutenção do atual sistema, compulsório, eleitoral; bem como a exposição de motivos que levam outros doutrinadores a pregarem a necessidade e relevância da adoção de um sistema eleitoral, que tenha no ato de votar uma faculdade de ação, primando pela subjetividade, em detrimento da compulsoriedade desse exercício de cidadania.

Na conclusão, discorrer-se-á sobre a pesquisa, na íntegra, ponderando sobre os motivos que elegem o voto facultativo como um fato jurídico, social e inevitável, na ótica das ciências jurídicas consoante a sua evolução, principalmente no que tange aos direitos subjetivos do ser humano, hoje, direitos humanos.

Em suma, nesta pesquisa, discorrer-se-á sobre a democracia, de fato, desde sua gênese, bem como o espírito das constituições que precederam a Constituição Federal de 1988 - Constituição Cidadã -, bem como; destacar, naquelas, suas qualidades e pontuar suas desvirtudes, tecendo considerações a respeito da natureza jurídica do voto, bem como, suas características e os direitos de cidadania, para fins de apreciação dos motivos de preterimento do voto eleitoral, facultativo, em face da sua compulsoriedade.

Capítulo I

AS FASES DA DEMOCRACIA NO TEMPO

1. Evolução histórica

Figura 1 - Ruínas da cidade de Corinto, Grécia.

Fonte: Compilação do autor. Imagem de neufal54 por Pixabay [1]

Capítulo I

AS FASES DA DEMOCRACIA NO TEMPO

1. Evolução histórica

*P*ara fins de adentrar no cerne temático do presente trabalho, que alude ao gênero Direito Eleitoral e em sua espécie – o voto facultativo -, necessária se faz uma abordagem pregressa da história humana para melhor fruição dos conceitos apreendidos no plano temporal, haja vista o fato de que o ser humano não tem real cognição das etapas evolutivas pelas quais passa até atingir, em última análise, o estágio mais avançado de sua existência; pois cada ser humano, ao vir ao mundo, contribui direta ou indiretamente para a sua evolução e também a de seus semelhantes,

---

[1]- Disponível em: <https://pixabay.com/pt/photos/grécia-corinto-ancestral-1281477/> Acesso em: 27.ago.2021.

principalmente no plano político, provocando, assim, significativas mudanças sob a temática democracia, sem, contudo, compreender suas origens, seu legado, tampouco as reais necessidades que levaram a humanidade a ansiar por nova forma de governo, tal qual a república.

O homem, em seu estado natural, ao nascer, encontra um mundo politicamente organizado, apreende os ensinamentos que são ínsitos dos conviventes na sociedade da qual faz parte, aprende que é cidadão e que possui direitos e obrigações, reconhecendo, ainda que ingenuamente, o Estado como guardião da sociedade a qual pertence, bem como e seus interesses particulares, proporcionando -lhe segurança jurídica quanto aos atos, por ele, praticados no seu quotidiano e ainda, proporcionando -lhe proteção contra atos lesivos, de terceiros, que atentem à sua segurança pessoal ou patrimonial, posto serem bens tutelados por esse reconhecido ente abstrato, o Estado.

Ocorre, porém, que nem sempre foi assim, houve períodos na história humana que a autotutela servia de base para a condição existencial de cada indivíduo, pois, ele não tinha a quem recorrer, então, ficava à mercê do mais forte; por isso faz-se, até hoje, menção ao brocardo popular "quem pode mais chora menos". O indivíduo, leigo, ao citar esse brocardo, faz ecoar a lembrança da autotutela, tão bem definido por Thomas Hobbes, escritor contratualista do séc. XVII, que ao teorizar o estado de natureza, aquele, que precedeu a criação do Estado pelos indivíduos da época, conjecturara que a sociedade, após assinar o contrato social, procede à criação do Estado dando a esse Soberano, – que não assina tal contrato - o controle de todos os seus atos privados em troca da proteção de suas vidas.

Thomas Hobbes afirma que os homens, nesse Estado de natureza, eram inimigos mútuos, o que os levava a viverem em guerra, destarte, acaso não fosse instituído um poder grande e capaz, o suficiente, de proporcionar a segurança daqueles indivíduos, eles, *de per si*, se aniquilariam, posto que aplicavam suas forças, individualmente, sobrevivendo os fortes em detrimento dos fracos; desse modo todos se sentiam como o mais poderoso dos homens, crendo que suas forças, aplicadas individualmente, serviam de proteção contra todos os outros; dessarte era uma guerra de todos contra todos e por prazo indeterminado; pois não havia um ser, um ente poderoso com poder capaz de aplacar aquele furor e pacificar os conflitos existentes entre eles, dessa forma, mutuamente aniquilavam suas forças ao guerrearem e se defenderem, com todos, e de todos concomitantemente.

Em face desse interminável conflito surge a ideia de eleger um poderoso que lhes garantisse manterem-se vivos e, também, que mediasse seus conflitos; contudo, nenhum homem seria capaz de suportar tamanho fardo, bem como impossível lhe seria deter, sozinho, todo esse poder, então firmaram um pacto, um contrato social para fins de criarem um ente poderoso, porém, invisível, intangível, ou seja, um ser abstrato, oriundo de uma ficção jurídica e plenamente lhe outorgar todo o poder sobre suas vidas, vontades e bens e, ainda, lhe conferir poderes para pacificar toda e qualquer forma de conflito;

eis então o surgimento do "Estado", assim, dessa ficção jurídica deflui o entendimento de que quem detém o poder soberano é o povo, porque é ele quem investe desse poder, o ente por ele criado, esse Soberano, também chamado de "Estado".

Dessa forma, tem-se que as decisões do Estado são absolutas para a coletividade e, por isso, insuscetíveis de refutação, esgotadas as hipóteses recursais,   porquanto, aceitam suas imposições e decisões, como verdade absoluta em pró de todos; assim, nesse momento tem-se então o surgimento da chamada sociedade, que como dito alhures, precede a criação do Estado, por isso é que o Soberano, como é referido, não assina o contrato social quando de sua celebração, no estado de natureza, porque Ele é criado pelo povo, portanto, o povo é quem detém a soberania. Dessarte, adiante, Thomas Hobbes conclui que:

> Mesmo que haja uma grande multidão, se as ações de cada um dos que compõem forem determinadas segundo o juízo individual e os apetites individuais de cada um, não poderá esperar-se que se ela seja capaz de dar defesa e proteção a ninguém, seja contra inimigos comuns, seja contra as injúrias feitas uns aos outros. Porque divergindo em opinião quanto ao melhor uso e aplicação de sua força, em vez de se ajudarem se atrapalham uns aos outros, e devido a

essa oposição mútua reduzem a nada sua força[2].

Para Hobbes, o único modo de instituir um poder comum capaz de defender os homens das invasões dos estrangeiros e das injúrias que sofriam, da parte de seus iguais, era conferir toda sua força e poder a um homem ou assembleia de homens que pudesse reduzir suas plúrimas vontades, a uma só vontade, isto é, à vontade de seu representante; porém para elegê-lo seria necessário que todos assentissem, mediante a pluralidade de votos. Com vistas às instituições Soberanas, Thomas Hobbes distinguira duas categorias de Estado: o racional e o real, assim se tem que quando a multidão transfere o direito de autogovernar-se, a uma só pessoa ou assembleia de homens, essa turba, unida numa só pessoa, se chama Estado, logo, se tem o Estado racional, pois tem sua prevalência na razão, segundo a fórmula contratualista; porém, o Estado que se forma, a partir do uso e imposição da força é o Estado real, aonde há a prevalência do mais forte em detrimento do mais fraco.

Notáveis escritores, em seu tempo, têm conjecturado a respeito da criação do Estado, nesse sentido, também, Norberto Bobbio entende que:

> O Estado, entendido como ordenamento político de uma comunidade, nasce da dissolução da comunidade primitiva fundada sobre os laços de parentesco e da formação de comunidades mais

[2] - HOBBES, Thomas. **O Leviatã** – os pensadores. São Paulo: Abril Cultura, 1974 p.107.

amplas derivadas da união de vários grupos familiares por razão de sobrevivência interna (o sustento) e externa (a defensa). Enquanto que para alguns historiadores contemporâneos o nascimento do Estado assinala da era moderna, segundo esta mais antiga e mais comum interpretação o nascimento do Estado representa o ponto de passagem da idade primitiva, gradativamente diferenciada em selvagem e bárbara à idade civil, onde "civil" está ao mesmo tempo para "cidadão" e "civilização"[3].

Os escritores apresentados teceram suas ponderações, mormente, a origem do Estado levando em conta os aspectos históricos, assim é que as teorizações racionais ganham maior evidência por meio da reforma religiosa, que fora uma autêntica rebelião contra a Igreja Romana. A despeito de que tal reforma tenha tido êxito, ela, por seu racionalismo, chamado religioso, após ter influenciado as ciências econômicas, passara a orientar as ciências do Direito e do Estado, portanto, consoante a teoria racionalista, para que fosse possível a obtenção da verdade, imprescindível era, a sua observação, a partir da síntese dos elementos, de cujo objeto de investigação, tal qual na filosofia, permitiria ao homem duvidar de tudo reduzindo, assim, as expressões à unidade, quando possível, para, então, poder reconstituir a verdade e a liberdade dos dogmas, e para atingir tal desiderato,

---

3 - BOBBIO, Norberto. **Estado, Governo, sociedade: para uma teoria geral da política**, 2000. p.73

deveria valer-se livremente da razão, da liberdade de consciência e de sua inteligência.

Nesse contexto, Jean Jacques Rousseau urge asseverar que o governo tem o fim precípuo de promover o bem comum, porque para isso é instituído, e, por isso só é suportável enquanto justo, pois, acaso o governo não corresponda ao anseio popular, que determinara a sua organização, esses populares - o povo - têm o direito de substituí-lo em *pró societas*, porque como diz o brocardo latino, *"Ubi societas, ibi jus"* – "Onde está a sociedade, aí está o Direito; ou, não há sociedade sem Direito". Assim, a preservação da liberdade constitui-se em uma de suas maiores preocupações ao afirmar que:

> Renunciar à liberdade é renunciar ao que mais qualifica o homem aos direitos da humanidade, os próprios poderes. Para quem renuncia a tudo não há qualquer compensação. Tal renúncia é incompatível com a natureza do homem[4].

Assim, ao findar seus escritos sobre o Contrato Social, Jean Jacques Rousseau, pondera objetivamente sobre o pacto social, no estado de natureza, como se depreende da obra em comento:

> É que o pacto social, em vez de destruir a igualdade natural, concede-lhe, pelo

---

[4] - ROUSSEAU, Jean Jacques. **Do contrato social**. 5ª ed. São Paulo-SP: Saraiva, 2001. versão para e-book em <www.ebooksbrasil.com> março 2002, by MORES, Ridendo Castigat.

contrário, uma igualdade moral e
legitima onde a natureza tinha criado
uma desigualdade física, e os homens
que na força e no gênio são desiguais,
tornam-se iguais pela convenção e pelo
direito[5].

Com o fim precípuo de buscar a verdade imanente nas
coisas corpóreas e, também, nas incorpóreas, tal qual o
Estado, após o tecimento de síntese a respeito das
principais teorias que procuram explicar a sua origem, de
forma brilhante, esse escritor contratualista, busca agora
abordar a origem do Estado, de forma derivada, isto é,
conjectura sobre a formação do Estado a partir de
Estados preexistentes.

Destarte, também, é relevante considerar que o estado
de natureza não é, literalmente, período de existência da
humanidade, todavia, somente uma conjectura, uma
ficção, diga-se, brilhante, para defender uma tese
mormente a criação do Estado, bem como delinear os
motivos pelos quais os indivíduos, de bom grado,
obedecem às normas por Ele impostas, inclusive aquelas
atinentes à obrigatoriedade de exercer determinado
direito, *verbi gratia*: o voto eleitoral.

Partindo da teorização da criação do Estado,
pressuposto da existência de pacto social firmado pelos
indivíduos, anteriormente à sua criação e igualmente
anterior à eleição do Soberano em decorrência da
assinatura do contrato social, tem-se que a humanidade,
após a celebração do, dito, pacto social, agora

---

[5] - Idem, *op. cit.*, p. 14.

representada por suas sociedades, sempre buscara a participação de seus integrantes, isto é do povo, nos atos do Poder Soberano, haja vista o fato de que Ele, é quem representa o povo, esse, detentor do poder de fato, portanto, o povo é quem tem legitimidade para escolher seu representante, nesse caso, esse ente abstrato: Estado, Soberano.

Assim, imbuído da tarefa de aludir à questão afeta ao sufrágio e ao voto, consoante a forma a ser adotada, bem como as condições necessárias à elegibilidade, alistamento, enfim, às exigências para que o indivíduo possa integrar ativamente o processo eleitoral, é que impende tecer comentários acerca da democracia, desde a mais remota antiguidade, nesse contexto, para fins de compreendê-la sob a ótica do Direito Eleitoral.

2. Grécia antiga

Figura 2 - Partenon Têmpora - ruínas gregas.

Fonte: Imagem de <u>nonbirinonko by Pixabay</u> [6]

Os gregos, dada a sua notável afeição às questões ínsitas ao homem, perscrutavam o mundo em que viviam na tentativa de melhor entendê-lo, assim, nasce com esse povo, através de seus métodos investigativos, a filosofia, ramo da ciência que busca em um plano maior, que é a reflexão, pensar o pensamento para fins de inquirir a hipótese, dado um assunto qualquer, com a pretensão resoluta de reduzi-lo à sua menor expressão de modo que não lhe caiba ser refutado, ou seja, reduz-se a expressão morfológica ao seu menor termo, buscando o denominador comum sugerido pelo problema, para, enfim, remeter-se à origem do assunto em apreço, esgotando-se assim, se possível as probabilidades de refutação.

Eles, por terem grande senso político, entendiam que aqueles que eram cidadãos, e que, portanto, residiam na

---

[6]- Disponível em:<<u>https://pixabay.com/PT/users/nonbirinonko-3101900/?utm_source=link-attribution&utm_medium=referral&utm_campaign=image&utm_content=1594689</u> > Acesso em 27. ago. 2021.

polis – cidade grega – é quem deveriam gerir as questões de Estado; tinham tão grande apreço por assuntos ligados à política que um notável filósofo, ainda no séc. IV, diz que: "O homem que trabalha não tem tempo para ser cidadão", o autor desta assertiva é, ninguém menos que o ateniense, Aristóteles nascido no ano 384, século IV, a.c[7-8]; notável discípulo do, também, filósofo Platão. -Embora pareça estranho, a nós, tal afirmativa, é de bom alvitre notar que na Grécia antiga nem todos eram cidadãos, pois para se estar nessa condição, ou seja, ostentar essa posição, era necessário ser homem, livre, maior de vinte e cinco anos e que residisse na pólis, tendo, portanto, o dever de comparecer aos debates, em praça pública, pertinentes aos assuntos de interesse daquela coletividade – da Pólis –, tinha então, que ser pessoa abastada financeiramente para poder, com denodo, praticar a política buscando a felicidade, que consistia não em honra, dinheiro ou prazeres, mas, tão somente, em abrir mão de suas ambições pessoais em pró da coletividade na busca pelo bem comum[9], bem como, dentre outros assuntos aos quais eram afetos; pois, para os gregos o hábito de fazer o bem, era o que lhes traria a felicidade, portanto, sentir-se feliz na Grécia antiga era adjetivo puramente subjetivo.

---

[7] - Termo designativo de era cristã e não antes de Cristo. A abreviatura de palavras data do Império Romano, e fora utilizada pela primeira vez por Demócrito, filósofo grego, no ano 400 a.c.
[8] - Ver também < http://www.infoescola.com> acesso em 02 set. 2012, 11h50min.
[9] - PESSANHA, José Américo Motta. Ética a Nicômaco. Seleção de textos: Os pensadores. Poética/ Aristóteles. 4ª ed. v.2. São Paulo, SP: Nova Cultural, 2001. p. 2.

Na Pólis, residiam os cidadãos gregos e também alguns que não detinham essa condição, tais quais: as crianças, os estrangeiros, os escravos e as mulheres que, embora, fossem casadas com cidadãos gregos não detinham essa condição, e, por mais que os gregos primassem pela liberdade do homem, é sabido que no mundo antigo, inclusive na Grécia, havia escravos que eram utilizados como mão de obra barata, o que era, portanto, viável às civilizações da antiguidade. Impende observar que, embora na Pólis residissem famílias inteiras, somente os cidadãos tinham o direito de influenciar nos seus destinos, pela política, isto é, por meio de votações aos projetos de leis que lhes eram propostos. Essas decisões eram tomadas mediante exposição, oral, de motivos, em praça pública aonde se reuniam todos os cidadãos, para fins de decidirem sobre diversos assuntos que lhes eram propostos.

Na Grécia antiga, fluía a ideia de consenso[10] mormente as questões de cunho eleitoral, as quais eram elegidas, ora, por sorteio, ora, por aclamação popular, reiterando que tal processo eleitoral se dava em praça pública. Esse povo, sempre na busca da verificação pragmática daquilo que esperavam lhes acontecessem, enquanto sociedade, pelo fato de que suas leis eram por eles mesmos elaboradas possibilitando aos seus pensamentos, por mais simplistas que fossem, tornarem-se atos jurígenos, isto é, atos legais, posto que os próprios cidadãos eram legisladores, ao passo que tinham poder de voto, como dito alhures, nas assembleias populares.

10 - RAMAYANE, Marcos. Direito Eleitoral, 6ª ed. Rio de Janeiro, RJ: Impetus, 2006, p. 3.

Destarte, esse povo de notável saber, nas áreas da filosofia, Direito, física, matemática dentre outras afetas a outras áreas do saber humano; com sua perspicácia e intrepidez por serem, de certo modo, revolucionários e evolucionistas ao ponto de, influenciarem, por séculos, o pensamento humano, levando o homem a inquirir sobre a sua existência e sua real finalidade como ser; tamanha era a complexidade das hipóteses por eles formuladas, que *de per si* já revelam o forte conhecimento da antropologia, revelado por seu forte senso crítico que os leva a argumentar de forma profícua sobre o ser humano partindo do pensamento que, ele, o homem, é um animal político e chegando ao notável senso de que esse homem é um vir-a-ser humano.

Partindo da premissa de que o homem, não importa o tempo de vida que tenha, ainda não está completo, posto que está em completa evolução e com isso sua capacidade cognoscitiva está sempre renovada impelindo-o a avocar não só para si, mas também para seus iguais, condições dignas de convivência em comum sendo que as benesses advindas do meio de convívio, seriam, de igual modo, partilhadas a todos, isto é, o bem comum para todos. Com esse pensamento, que julgavam ser politicamente correto, lançaram as bases dos sistemas eletivos, hoje conhecidos, dentre eles o plebiscito que não é outra, senão uma aclamação do povo – daí a designação "aclamação popular", bem como do voto por cédula eleitoral, pois escreviam seu voto em pedaços de pedra conhecidas como ostrakon[11] e os depositavam em gazofilácio para fins de serem contados ao final da votação, que estava adstrita

---

[11] - RAMAYANE, *op. cit.*, p. 3.

aos cidadãos gregos, porque na Grécia, o sufrágio[12] não era universal, mas restrito a determinadas castas sociais, tal qual os cidadãos. Segundo a enciclopédia Barsa: "O sufrágio, do latim Suffragium, é a manifestação direta ou indireta do assentimento ou não assentimento de determinada proposição feita ao eleitor"; assim, vê-se que a história da humanidade não é fragmentada, como se supõe ao analisar somente o período em que se existe; isto é, imagina-se que cada geração cria algo novo, porém ao refletir-se sobre os acontecimentos pretéritos, bem como sobre a essência do comportamento humano se observará que o homem, embora esteja no mesmo corpo, não é sempre o mesmo, porque em cada dia ele renasce como um novo homem, como diz o eminente filósofo Mário Cortela[13], "[...] em sua mais nova edição, revista e atualizada.", portanto, a história não termina e nem está adstrita a determinados ciclos da vida, mas perpetua-se por gerações, porém tudo a seu tempo e a seu modo.

---

[12] - <http:// http://www.infoescola.com > acesso em 21.ago.2012
[13] - Cortela, Mário Sérgio, filósofo, escritor e reitor do curso de Filosofia da PUC-MG. set. 2012 às 20h33min.

3. Roma antiga

Roma a maior cidade Estado do mundo antigo não surgiu de um momento para outro como superpotência mundial, mas fora galgando degraus mais altos dia a dia, isto é; com sua magnífica inteligência militar, sua logística capaz de agregar e manter seus soldados

Figura 3 - Coliseu - Roma, Itália.

Fonte:Imagem de Andrea Albanese by Pixabay [14]

alimentados, por meses, durante suas árduas campanhas que culminavam com sua vitória, essa cidade Estado fora aperfeiçoando-se em todos os ramos do conhecimento humano, dentre eles, com maestria, no ramo das ciências jurídicas dado ao fato da magnífica contribuição para o Direito que, utilizado de modo consciencioso, lançara as bases do direito subjetivo, não só dos cidadãos romanos mas também dos estrangeiros que lá habitavam.

Os romanos viam no Direito a oportunidade de

---

[14] - Disponível em: <https://pixabay.com/pt/users/the_double_a-1390658/?utm_source=link-attribution&utm_medium=referral&utm_campaign=image&utm_content=2030639> Acesso em: 27.ago.2021.

apreciar as qualidades do homem, de modo a sintetizar em uma esfera de confiança mútua, suas qualidades; esperando a devida reciprocidade nos tratamentos dispensados ao próximo, ao ponto de terem como mandamento: "*iuris praecepta sunt haec: honete vivere, alterum non ladere, suum cuique tribuere*", isto é; "Viver honestamente, não lesar ninguém e dar a cada um o que é seu"[15]; com esse senso de solidariedade, ainda que prematuro, o povo romano lançava desde os primórdios, o plano ideal de convívio das gentes, isto é das sociedades em geral, quer sejam formadas por seus patrícios ou por estrangeiros que com eles conviviam, plano esse que somente em um longínquo futuro a humanidade viria a conhecer, pois tinham a vontade de vir emergir de cada ser humano aquilo que lhe é ínsito, ou seja, sua vontade, e a essa vontade deram o nome de subjetividade, isto é, aquilo que provém das vontades do ser humano e que sempre resultaram de uma ação ou omissão quer em proveito próprio ou de outrem, buscando, com isso, a pacificação social ao pregar a solidariedade como força motriz de uma sociedade que busca a harmonia com seus iguais.

-A fundação de Roma é envolta de misticismo – período mítico, um momento mágico, tal qual o é o momento de uma criança aos sete anos vivendo em mundo de fantasia, mundo que para ela é mágico. Assim, com o fim de explicar a sua fundação, os romanos difundiram a ficção de que Roma fora fundada pelos gêmeos Rômulo e Remo e

---

[15] - CASTRO, Flávia Lages de. História do Direito Geral e Brasil. 5ª ed. Rio de Janeiro, RJ:Livraria e editora Lumen iuris, 2007. p. 83.

marcaram a sua fundação no século VIII, a saber: ano 763 a.c[16], e como as demais cidades-estados da época, Roma era governada por um Rei que tinha mandato vitalício, porém não hereditário e tinha importante característica, era mandato eletivo, concentrando na figura do Rei o poder de Imperium, isto é, pleno poder sobre todos os segmentos, tais como: militar, civil, judiciário, inclusive o religioso, fato esse porque alguns imperadores declaravam-se deuses obrigando seus súditos a venerá-los. A história da urbe - cidade romana – pode ser dividida em 03 momentos históricos, a saber: Realeza período que data da fundação de Roma até o ano 510 a.c., o período da República, datado do ano 510 a.c até o ano de 27 a.c. e o período do Império que data do ano 27 a.c até a morte de Justiniano no ano 566 d.C.; esse período ainda pode ser dividido em alto Império, do ano 27 a.c. ao ano 284 d.c., e baixo Império, do ano 284 d.c., como dito alhures, até a morte do Imperador Justiniano em 566 d.c[17].

Roma ascendera ao poder ao suplantar a Grécia, e como resultado de sua ascensão, dada a sua capacidade bélica, tornara-se a maior nação do mundo antigo chegando ao nível de Império – Império Romano. Os povos antigos ao levarem cativos seus inimigos apoderavam-se de seus despojos, suas províncias, que depois de destruí-las, as reconstruíam – como forma de mostrar aos vencidos a sua força, e isso desvirtuava qualquer intenção de rebelião contra o seu conquistador.

---

[16] - < http://www.infoescola.com > acesso em 02 set. 2012, 11h50min.
[17] - CASTRO, *op. cit.*, p. 78.

Os romanos ao conquistarem outros rcinos, não destruía seu legado histórico, artístico, político, filosófico, antes, porém, absorvia essas culturas, tornando-se, sem dúvida, no maior império do mundo antigo.

Pragmáticos por natureza, os Romanos tinham diferentes pontos de vista sobre determinados assuntos, pois, pioneiros em várias áreas do conhecimento humano, dentre eles, o Direito, a hidráulica e a construção civil; buscavam a essência das palavras que traduziam os atos praticados pelos cidadãos romanos em seu quotidiano. Nas ciências exatas deixaram inesquecível legado para a humanidade, posto que foram eles que, em Roma, construíram os aquedutos, portanto, em Roma à época de Cristo, já havia água encanada; de igual modo na construção civil, à mesma época, pois, já havia calçamento de ruas em Roma, técnicas amplamente difundidas por todos os países, sem exceção.

Também no campo do Direito, deixaram valioso legado, que é complexo conjunto de normas e pensamentos jurídicos, posto que o homem pensa o Direito buscando adequá-lo ao caso *in concreto* sem, contudo, perder a sua humanização, pois não viam as leis como simples poemas sem qualquer força estimuladora, mas dotaram-nas de eficácia e validade enquanto vigente, pois afeiçoando-se ao conhecimento dos gregos mormente as questões consoantes aos direitos sociais, ainda que rudimentares, em verdade, viram-se aprimorando o Direito ante as diversas relações interpessoais de seus cidadãos, membros daquela coletividade.

Os Romanos, notáveis juristas, hábeis operadores do

Direito, buscando a consolidação do sistema político mediante a participação efetiva do povo, ainda que com reservas, tinham como meta principal manter a República, assim, com excelência, buscaram formas efetivas de adequar os costumes de seus patrícios – cidadãos romanos – à lei, tendo em vista que o Direito evolui a passos mais lentos do que a sociedade, portanto, as leis não são um reflexo da vontade do povo, mas sim, a vontade do povo é que é refletida nas leis, tal como meio efetivo de participação nas decisões do Estado, o Soberano, e ainda que o governante fosse Imperador; ainda assim, adotava-se típico sistema eleitoral, ao discuti-las no senado, como meio de aquiescência popular às leis, por eles, propostas.

Então, em Roma para fins de cumprirem com os propósitos eleitorais, diga-se sufrágio, eram utilizados pedaços de madeira talhada, nos quais eram apostos o voto singular, de cada eleitor romano. O termo sufrágio, como dito alhures, é tão somente a anuência ou não a proposição feita ao eleitor, portanto, embora o termo sufrágio e voto sejam erroneamente tomados como sinônimos, na realidade são heterônimos, porque o voto é a materialização da anuência ou não às propostas, quer seja o voto referente à lei ou à escolha de outra medida a ser tomada pelo Estado.

Portanto, o termo amplamente difundido como sufrágio traduz-se na consolidação do sistema eleitoral, isto é, o eleitor ouve as propostas e as elegem ou não para fins de se submeter-se a elas. Os romanos, absorvendo a cultura grega utilizaram-se de seu sistema de eleição, embora evoluindo em seu estilo, isto é, no *modus operandi*, como dito alhures, método de colheita dos votos; também manteve idêntica forma de sufrágio, pois naquela cidade Estado, o sufrágio não era universal, mas sim, restrito – cabendo aqui a expressão sufrágio restrito[18].

Impende observar que o termo sufrágio universal faz menção à população *in totum*, isto é, todos podem, sem reservas, votar e serem votados, observadas as prescrições legais; já o sufrágio restrito, como o próprio nome diz, tem que os pressupostos eleitorais são necessários para que se detenha a condição de eleitor, pois, tanto em Roma, quanto na Grécia, por ser o sufrágio restrito, somente podia ser praticado por determinadas castas sociais; isto é, aqueles que detinham o *status civitatis*[19], ou seja, a condição de cidadão; essa, que era pressuposto para que o *civis*, como era denominado o cidadão, tivesse o direito de votar e de ser votado. Assim, não se pode olvidar, que tanto em Roma quanto na Grécia, o exercício do voto era diretamente proporcional ao status civitatis, que os civis, moradores da urbe, possuíam, na forma da lei, dada as restrições inerentes ao sufrágio.

---

[18] - RAMAYANE, *op. cit.*, p. 3.
[19] - Ibid., p.3.

4. Inglaterra, cenário de transição para o mundo moderno

Figura 4 - Palácio de Blenheim, Woodstock, Oxfordshire e Regent street-West End, Londres, Inglaterra.

Fonte: Compilação do autor. Imagem de <u>Wolfgang Claussen </u>por <u>Pixabay</u> (à esquerda[20]) e da university of Cambridge's site (à direita[21])

O conhecimento acerca da evolução da sociedade ao longo da história mundial, é importante para se compreender as etapas de seu desenvolvimento político e social, ainda que considerada determinada sociedade em sua época; bem como os fatos relevantes que desencadearam acontecimentos importantes que vieram a contribuir significativamente para o crescimento do ser

---

[20] - Disponível em: <<u>https://pixabay.com/photos/blenheim-palace-castle-1592870/</u>> Acesso em: 27.ago.2021.
[21]- Disponível em:
<<u>https://www.cam.ac.uk/sites/www.cam.ac.uk/files/styles/content-885x432/public/news/research/discussion/160216shopping.jpg?itok=K3UOT-2A</u>> Acesso em: 28.ago.2021

humano, enquanto pessoa imersa no convívio social, esse, considerado em todas as suas nuances; essas, típicas do convívio em sociedade.

O subtítulo, supramencionado, tem sua razão de ser no fato de que, nesse contexto histórico, a Inglaterra, agora, é retratada na era, chamada – moderna-, isso no século XVII quando a sociedade, cansada da opulência dos monarcas em detrimento dos menos agraciados, e da opressão à que estavam sujeitos insurgiram-se contra a situação de degradação social a que eram submetidos, haja vista o fato de que para se manter no Poder, com toda pompa, o Soberano, na pessoa do monarca – o rei, necessitava, cada vez mais, de óbulos de seus súditos, bem como de pagamento de tributos que, além de serem instituídos pelo próprio monarca, tinham seu valor acrescido consideravelmente e somando-se aos já existentes era-lhes impraticável o seu recolhimento, isto é, seu pagamento, pela sociedade. Assim para que não fosse à bancarrota, a elite social formada pelos descendentes dos senhores feudais, que agora compõem a chamada classe burguesa, esses afortunados que tinham como meio de subsistência a aplicação do capital em determinado ramo de atividade, agora alienavam a mão de obra para a confecção de produtos e ou produção de serviços e tinham o resgate, do valor excedente àquele gasto nesses produtos ou serviços, a título de dividendos, o que mais tarde viria a ser denominado de "mais valia"; pelo pai da economia, Karl Max, em sua obra intitulada "O Capital".

Essa ascendente classe social, visionária, na busca do

crescimento financeiro que, nesse momento, se torna possível devido ao aumento na procura de empregos por aqueles que migraram do campo para a cidade; acaba por implantar o capitalismo, sistema esse, que viria, sem dúvida, revolucionar não só a economia inglesa, mas também a economia de todos os países. Com isso, houve acelerado crescimento econômico e esse crescimento ia de encontro aos atos legislativos do monarca mormente a criação de impostos e tributos que oneravam sobremaneira os comerciantes em geral; assim, descontentes, buscavam meios para realizarem as mudanças necessárias ao bem comum, que não aquele representado pela aristocracia.

Dessarte, esses acontecimentos erradicaram o domínio da aristocracia, ao mesmo tempo em que propiciaram a expansão do liberalismo político[22] pela Europa; isso porque, a aristocracia representava a elite, pois era sinônimo de poder daqueles, considerados os melhores; ao passo que o termo liberalismo está diretamente ligado à descentralização do Poder do Estado, delegando, assim, a outros órgãos do poder público a função precípua de decidir sobre assuntos de sua competência, sendo, portanto, afetos aos fins para os quais foram criados, esses tais órgãos.

---

[22] - RAMAYANE, *op. cit.*, p. 5.

5. Revolução inglesa como movimento precursor da Democracia

Figura 5 - <u>Oliver Cromwell</u>, 1º líder da Revolução Inglesa, República de Oliver Cromwell, 1649 – 1658.

Fonte: Compilação do autor. Imagem de <u>Pedro Guimarães</u> [23]

A revolução inglesa destaca-se no cenário político do século XVII em face da crescente opressão a que estavam submetidos os cidadãos, isto é, a designação de cidadãos oprimidos, não alude à população em geral, posto que as significativas mudanças ocorridas no cenário político, através dos tempos, se deram através dos expoentes da sociedade, em suas épocas, tais como os burgueses durante a Revolução inglesa no século XVII.

O termo "burguês" denota tratar-se de cidadãos abastados, de elevado conhecimento nas áreas que lhe são afetas, esses, que de certa forma, descendentes dos senhores feudais e alguns próprios, considerando-se que nessa época a Inglaterra estava sob a égide de um

[23] - Disponível em: <<u>https://conhecimentocientifico.com/oliver-cromwell-quem-foi-biografia/</u>> Acesso em: 30.ago.2021.

sistema, diga-se, semifeudal de cujo fim, era iminente e inevitável naquele cenário histórico político, porquanto esses, constituíam a chamada aristocracia.

Essa classe de pessoas ricas, à época dominante, e que nesse momento histórico e contexto social, vislumbram outras possibilidades de crescimento financeiro e profissional dada a sua abastança de capital, porém o regime político sob o qual estavam, inviabilizava tais empreendimentos, fazendo-se necessária a mudança para um regime no qual houvesse a pugnação da *res* pública em pró do bem comum, estando aí, inserto, o gérmen dos direitos difusos e coletivos que viria, futuramente, ser objeto de outras constituições.

A inteligência de tais argumentos revolucionistas, sustentados pelos interessados, diga-se os burgueses, serviram de estopim para a chamada revolução inglesa, que tinha como ponto alto, a declaração dos direitos políticos e jurídicos dos cidadãos, portanto, triunfou a democracia em detrimento da aristocracia dominante na Inglaterra do século XVII, rompendo-se definitivamente – ad infinitum – o domínio pleno da aristocracia no seio da política nacional.

6. Revolução Francesa como expoente máximo do anseio "popular"

Figura 6 - Revolução Francesa 1798–1789.

Fonte: Imagem de <u>WikiImages</u> por <u>Pixabay</u> [24]

Em termos históricos, se tem que a revolução francesa é o ícone representativo das mais importantes mudanças ocorridas na história da humanidade, atingindo, aquela, o seu desiderato, principalmente no que tange aos direitos do ser humano, porque, de fato, esses acontecimentos que datam de 14 de julho de 1789, mudaram para sempre os rumos da história humana ao reconhecer a sua capacidade de figurar no cenário político do Estado, atingindo o clímax desta nova fase evolucionista, ao afirmar, na sua declaração dos direitos do homem e do cidadão de 1789, em seu Art. 1º que: "Todos os homens nascem e são livres e iguais em direitos[...]"; tal declaração fora promulgada em 26 de agosto de 1789; e teve ainda, outro ponto alto, importante, que é a consolidação do sufrágio e o processo eleitoral de forma

---

[24] - Disponível em: <<u>https://pixabay.com/pt/photos/frança-revolução-francesa-63022/</u>> Acesso em 22.abr.2022.

plena, adotando para todos os fins, o sufrágio universal, dado o reconhecimento de que todos são livres e iguais em direitos; bem como a reafirmação de que o povo é quem, de fato, detém o poder e que por meio do sufrágio universal expresso no voto eleitoral, outorga aos elegíveis, poderes para bem gerirem, por prazo determinado, a res publicae; assim tem início, nova fase no sistema eleitoral tida como evolução do sufrágio, fincando, para sempre essa nova modalidade de participação nas decisões de assuntos geridos pelo Soberano, esse ente abstrato teorizado como Estado, que existe em função da, e para a sociedade.

-Impende observar os fatos relevantes que antecederam a insurgência dos franceses contra o sistema absolutista, tal qual o juramento da Péla, pois, o rei Luís XVI, tinha ordenado o fechamento da sala de reuniões, utilizada pelos nobres, com o fim de dissolver a assembleia nacional; porém os representantes da burguesia, de cada Estado, ocuparam o local aonde se praticava o jogo da Péla[25], espécie de jogo de tênis, praticado pela elite inglesa do século XIII até o século XVII, quando, então, atingira seu apogeu e estavam decididos a ali permanecerem enquanto não dotassem a França de uma constituição que contivesse os direitos políticos e jurídicos dos cidadãos franceses. Destarte, ali fizeram o, conhecido, juramento da Péla – Jeu de Palme em francês, já dito alhures, tal fato se dera em 20 de junho de 1789, sendo, portanto, considerado um dos mais importantes eventos que culminaram na revolução

---

[25] - <http://www.infopedia.pt/$juramento-do-jogo-da-pela>em 02 set. 2012, 11h40min

francesa, pois, a despeito desses acontecimentos, nesse mesmo ano, a 26 de agosto, fora promulgada a Declaração dos Direitos do Homem e do Cidadão, contendo a trilogia ideal, qual seja: liberdade, igualdade e fraternidade, temas que ecoariam *ad infinitum*, às gerações vindouras.

Desse advento revolucionário, com efeito, sobreveio ao povo francês duas preciosas dádivas, a saber: a igualdade e a liberdade, essas tão bem definidas pela eminente professora Marilena Chauí[26] como sendo o sustentáculo da democracia, bem como, as pedras que a sustentam, configurando-se, portanto, um presente para a sociedade francesa e outras que há muito almejaram serem livres; tal qual os gregos, que, como dito alhures, ao criarem a democracia, pugnaram pela criação da tradição democrática como instituição dos direitos fundamentais que definiam o cidadão, quais sejam: igualdade, liberdade e participação no poder. Assim, igualdade significava que todos os cidadãos possuíam os mesmos direitos e, portanto, deveriam ser igualmente tratados ante as leis e costumes da pólis. Destarte, afirmavam que a tarefa precípua da justiça era igualar os desiguais, quer fosse pela redistribuição de riquezas, quer fosse pela efetiva participação nas instituições governamentais.

- A Liberdade, tema amplamente difundido, por sua vez, significava o direito subjetivo do cidadão em levar a público seus interesses e suas opiniões, sujeitando-as às críticas, por meio de debates, para que ao final sejam aprovados ou rejeitados pela assembleia, de cuja decisão, logo surtia seus efeitos jurídicos, tal qual o trânsito em

[26] - CHAUÍ, Marilena. Convite a filosofia.8ª ed. São Paulo, SP: Ática, 1997. p. 432.

julgado.

Ao conjunto de revoltas havidos no final do século XVIII, na França e países circunvizinhos, deu-se o nome de Revolução Francesa, responsável por erigir os princípios da igualdade e da liberdade. Todavia, a igualdade defendida pelos teóricos da Revolução Francesa era formulada em sentido negativo, ou seja, dirigida contra as nobrezas da idade média, em virtude dos privilégios que detinham, posto que a suas mantenças tornaram-se insustentáveis, pois atentavam contra a dignidade natural da pessoa humana, cujos princípios emergiam dessa, dita, Revolução Francesa. A Revolução em comento contribuíra para a ampliação dos direitos à liberdade de forma plena e não somente referente à liberdade de expressão e de pensamento.

Assim, neste sentido, Marilena Chauí, leciona que a liberdade alcançada pela sociedade nesse momento histórico, abrange, também, a subjetividade individual, podendo o cidadão praticar, livremente, todos os atos da vida civil:

> Além da liberdade de pensamento e da expressão, passou a significar o direito à independência para escolher o oficio, o local de moradia, o tipo de educação, o cônjuge, em suma, a recusa das hierarquias fixas, supostamente divinas ou naturais[27].

---

[27] - CHAUÍ, op. cit., p. 432.

Essas Revoluções deram um sentido formal à igualdade, ao dispor que a lei será a mesma para a nobreza, o clero e o povo, era, portanto, a igualdade formal, qual seja, igualdade perante a lei, que repudia qualquer discriminação entre pessoas em virtude de raça, religião, ideologia, bem como o repúdio à escravidão e à tentativa de práticas atentatórias à dignidade da pessoa humana, portanto, o Estado assumira postura negativa no sentido de não estabelecer distinções discriminatórias aos seus cidadãos.

Assim, o emergente regime social-democrático adotara conceito racional de igualdade e dividiu-as em quatro categorias, a saber: igualdade jurídica no sentido de afastar o tratamento discriminatório que possa afetar a dignidade da pessoa humana; a igualdade de sufrágio que se traduz no valor do voto igual para todos, seja do pobre ou do rico, letrado ou ignorante, do empregado ou empregador, igualdade de oportunidade, ou seja, todos poderão ter acesso aos bens e serviços públicos, bem como; igualdade econômica que consiste no estabelecimento de um padrão mínimo de vida, capaz de satisfazer as necessidades básicas do cidadão.

Desta feita, na cidade política os cidadãos são igualmente livres e todos são igualmente participantes da composição e da gestão da coisa pública, posto que, todos são titulares do poder único e indivisível do Estado, em virtude de serem os outorgantes desse poder.

Em suma, a igualdade republicana é também a igualdade formal minimamente assegurada pelo Estado a todos os cidadãos, por isso, ao Estado compete a promoção das condições socioeconômicas efetivas e eficientes, garantidoras da liberdade e da igualdade da pessoa humana, então, a igualdade em sentido formal, de per si, não basta para assegurar a igualdade material, por isso necessário é a mobilização do Estado no sentido de fortalecer os direitos sociais, de buscar a efetiva solução ao caso concreto, conquanto seja imprescindível a sua explicitação no sistema normativo, para fins de fazer saber, aos cidadãos, os seus direitos, afim de que o seu exercício imponha-se de forma eficaz.

7. A tomada da Bastilha, ictus final e inicial da história mundial

Figura 7 - A queda da Bastilha - França, 14 de julho de 1789.

Fonte: Blog tribuna da imprensa livre por José Macedo[28]

A história da humanidade tem demonstrado que o homem, em diferentes épocas, evoluiu a estágios, em sua época, considerados inalcançáveis e nesse contexto, a história tem mostrado que grandes mudanças se deram a partir de pequenas atitudes tomadas no momento e na hora certa, e que assim procedendo formara-se um elo entre toda a sociedade que, solidariamente, aderira à causa que lhes era afeta em busca de seu ideal que, em princípio, recai sobre o bem comum, pois, o homem enquanto engajado, com a sociedade, na luta por melhorias sociais, não tem como pensar individualmente, mas somente, coletivamente, daí porque dizer, atualmente, que os interesses são difusos e coletivos. Tais bens são difusos porque são de uso comum e são coletivos porque é res publica, isto é, é coisa pública, portanto,

---

[28] - Disponível em: <http://tribunadaimprensalivre.com/data-da-queda-da-bastilha-em-paris/> Acesso em 27.abr.2021

pertencente à coletividade, isto é, à sociedade.

A fim de demonstrar o quão importante é a iniciativa da sociedade, com o fim de satisfazer os anseios que são inerentes aos seus membros, posto que é formada por seres humanos, membros de uma coletividade politicamente organizada e carecedores de melhores condições de vida em seu cotidiano, assim, é que com espírito solidário e com denodo a sociedade francesa do século XVII, cansada da opressão que lhes era imposta pelo Soberano, revoltara-se contra os atos daquele Estado e com intrepidez, ousadia e imensurável espírito de solidariedade mútua, derrubaram os pilares do absolutismo e lançaram as bases do que hoje conhecemos como Democracia, pugnando pela liberdade, igualdade e fraternidade, fazendo desses, novos ideais, pelos quais deveriam continuar sua busca, porém, naquele mesmo instante, iniciou-se a sua prática com o fim de atingir-lhes a perfeição, embora até o presente século XXI, a sociedade ainda não lograra tal êxito.

A esse, ousado, ato de bravura denominou-se, "A queda da Bastilha"[29], assim, impende a exposição de motivos que culminaram em tão importante mudança no cenário político francês, bem como desencadearia em todo o mundo, uma série de revoluções pugnando, como dito alhures, pela liberdade, igualdade e fraternidade, sendo, portanto, o início da Revolução Francesa[30]. É de bom alvitre notar que nessa época o sistema político que regia

---

[29] - <http://http://www.infoescola.com/Bastilha>, acesso em 20 de set. 2012, 2h15min
[30] - <http:// http://www.infoescola.com> acesso em 22 set. 2012, 23h25min.

a sociedade era a monarquia, isto é, na figura do rei estava concentrado todos os poderes: legislativo, executivo e judiciário, portanto, estamos discorrendo sobre o absolutismo[31], época inglória da humanidade porque não tinham qualquer forma de representação, de fato, ante o poder monárquico, pois, o rei criava as leis, as executava e cuidava de punir os transgressores da lei, restando, portanto, inexistentes quaisquer formas de tutela judicial em pró da sociedade, o que se pode dizer que não havia Direito, para que os indivíduos tivessem direito a terem direitos.

Esse ícone universal, sinônimo de marco divisor de águas no cenário político mundial – a Bastilha, em francês "Bastille" - fora construída por Carlos V, rei da França, no século XIV, durante a guerra dos cem anos[32] – 1337 a 1453 – que foi o conflito entre França e Inglaterra e que tiveram como aliados; pela França: Escócia, Boêmia, Castela e Papado de Avignom; pela Inglaterra: Flamengos, Alemães e Portugueses. A Bastilha, em verdade era um portal por onde se tinha acesso ao bairro de Saint-Antoine, sendo utilizado, tão somente para esse fim; porém em 1370 até o ano de 1383, procedeu-se à sua reforma constituindo-se em suntuoso edifício que serviria para proteger o lado leste de Paris, bem como o palácio real havido nas proximidades, assim essa magnífica construção constituía-se no mais forte ponto da muralha do rei.

[31] - PEDRO, Antônio; LIMA, Lizânias de Souza. História da Civilização Ocidental. colab. esp. Yone de Carvalho. 2ª ed. São Paulo, SP: FTD, 2005. vol. Único.
[32] - MANFRED, A.Z. A Concepção Materialista da Revolução Francesa. São Paulo: Global Editora, 1982. p. 18.

Sendo construída em formato retangular, diga-se, irregular; a Bastilha tinha setenta metros de comprimento, trinta metros de largura com torres e muros com vinte e cinco metros de altura; para fins de manter-se o acesso ao bairro de Saint-Antoine, manteve-se duas torres nas fachadas leste e oeste desse suntuoso edifício, que bem utilizado para fins tipicamente militares, por ter seus muros de mesma altura, possuía um grande terraço que possibilitava aos soldados movimentar-se de um lado para outro, sem que necessitassem descer por dentro das torres para ir até a zona de conflito, impedindo assim a invasão da fortaleza.

Essa fortaleza tinha caráter, multiuso, pois era composta de 03 partes, a saber: pavimento superior, pavimento térreo e calabouço, e por volta do século XVII começou a ser utilizada como prisão; a partir da segunda metade do século XVIII, sob o reinado de Luís XVI, a Bastilha passou a ser conhecida, mais, como local de diversão dos soldados franceses, e de depósito de armas e munições do que como prisão.

Interessante notar, como gestos aparentemente pequenos, transmudaram-se em grandes e importantes gestos, refletindo eternamente, tanto, na vida dos franceses, quanto na vida de pessoas em outras partes do mundo. - Era a data 14 de julho de 1789, quando um anônimo jornalista, por nome Camille Desmoulins, discutira, arengara, num jardim em frente a um Palácio conhecido como Palais Royal, que está localizado em frente à ala norte do museu do Louvre; após a contenda, saíra e pelas ruas anunciara que as tropas Reais estariam organizando uma repressão sangrenta ao povo de Paris e que esses acontecimentos estariam na iminência de acontecer, não restando, portanto, ao povo francês, senão a alternativa de resistir ao Estado mediante o apoderamento de armas, para fins de defenderem-se, utilizando-se exclusivamente da força.

Assim, movidos de grande temor invadiram um hospital, aonde sabiam existir armas suficientes para o confronto, ao que se apoderaram de três mil espingardas e alguns canhões, e embora tivessem as armas, não tinham a munição, então se ouviu um boato de que a pólvora estaria estocada na Bastilha, aonde as tropas reais estavam, assim, habilmente se dirigiram para lá e ao chegarem, foram surpreendidos pelo rei, que em vão tentara negociar uma trégua; então, seus soldados desferiram um tiro de canhão em direção à massa insurgente que era composta de todos os indivíduos da sociedade, e de todas as classes sociais, enfim, era o povo nas ruas em pura demonstração do exercício de poder, embora um tanto arbitrário.

Após o disparo do canhão, essa massa popular ficara furiosa e como eram inúmeros, invadiram a Bastilha, tomando-a de assalto, diga-se, com isso, que colocaram fim a um período absolutista, tomando das mãos do rei o poder que sempre lhes pertencera marcando, portanto, o ictus final da história pregressa dos franceses e diga-se, também da humanidade, e lançando as bases dos ideais, agora, iluministas, delimitaram novo marco na história mundial, assim conhecido como a revolução francesa que é, portanto, o ictus inicial de nova fase social na história da humanidade, fase essa que postula pela isonomia dos indivíduos, intrínseca na trilogia idealista, qual seja: liberdade, igualdade e fraternidade.

Capítulo II

DO ESTADO DEMOCRÁTICO DE DIREITO

1. O Direito Eleitoral no Brasil

Figura 8 - Praia do Indaiá, Bertioga - SP, Brasil, Inverno/2021.

Fonte: Imagem de Gabriela Rosa Coelho[33]

Capítulo II

DO ESTADO DEMOCRÁTICO DE DIREITO

1. O Direito Eleitoral no Brasil

*P*ara melhor compreensão do sistema eleitoral brasileiro, é imprescindível lançar um olhar, em perspectiva histórica, sobre o voto e o

---

[33] - Disponível em: <https://piaxabay.com/pt/users/gabyrcphotos-27120226/?utm_source=link-attribution&utm_medium=referral&utm_campaign=image&utm_content=7182560> Acesso em 02.jul.2021

sufrágio universal desde a sua origem até os dias atuais; evidenciando, conceitualmente, suas diferenças. Embora, esta abordagem não tenha a pretensão de trazer elementos novos em matéria de Direito eleitoral, além daqueles já apontados pelos eminentes doutrinadores em suas sobejadas obras alusivas ao tema; é interessante a sua apresentação, para que sirva de bases para a ampliação da capacidade cognitiva daqueles afetos a esta matéria, que é também contemplada pela Carta Magna, por meio de seus constituintes e também estudiosos desse ramo do Direito, afim de, permitir, aos que adentram nesta seara, inclusive operadores do Direito que militam em outras áreas das ciências jurídicas, que venham a compreender a necessidade de prosperar em matéria constitucional para o crescimento e a expansão do Estado Democrático de Direito, dentro do Estado Brasileiro; habilitando, assim, a coletividade brasileira a realizar escolhas que traduzam melhor qualidade de vida para ela, quer sejam objetivas ou subjetivas, moral ou espiritual, dentro dos ditames das Leis e que por essas escolhas possa viver de forma plena, dado o regime político sob o qual vive a nação brasileira, a saber; República Federativa Constitucional Presidencialista, em Estado Democrático de Direito; dentro do Estado brasileiro.

Estado Democrático de direito é o poder que o Estado tem de dizer o Direito aplicando suas normas cogentes que obrigam, coagem os cidadãos brasileiros a obedecer-lhe em todas as suas determinações legalmente instituídas, bem como a eleger lhe, sem reservas, como seu protetor, pois dado o seu poder de *imperium* tem total controle sobre tudo e sobre todos e tão logo alguém se sinta prejudicado em seu direito, tem a seu favor a facultas *agcndi*, isto é, a faculdade de requerer do Estado a sua tutela jurisdicional, para fins de dirimir o conflito suscitado. Se por um lado, o Estado coage a população à obediência aos seus preceitos constitucionais entabulados na Carta Magna, por outro, oferta aos cidadãos várias garantias fundamentais, estampados no Art. 5º e seus incisos, do já citado diploma legal; dentre eles o de que "ninguém é obrigado a fazer ou deixar de fazer alguma coisa senão em virtude de lei", Art. 5º, II.

Dessarte, este inciso delineia o princípio da legalidade segundo o qual todos podem fazer tudo aquilo que não está proibido por lei, fixando, assim a máxima que permeia o mundo jurídico, de que "tudo o que não é proibido, logo, é permitido"; assim os cidadãos brasileiros podem viver num Estado que respeita e prima pela liberdade individual, porém, com certas reservas, pois só é permitido o que não está proibido por lei, então a essa liberdade de agir ou omitir, de forma subjetiva, isto é, segundo a vontade de cada um, dá-se o nome de democracia, como dito, alhures, que é o poder que o povo tem de participar na gerência do Estado, vez que lhe outorga poderes para tal.

O Brasil, desde os primórdios já possuía o gérmen de uma sociedade mais justa, e isso buscava em plano ideal, porém, em cada época mudanças significativas foram sendo incorporadas às legislações que se seguiram, traduzindo em melhores condições para os cidadãos, seus tutelados. - Tão logo o Brasil fora descoberto ou "achado", como diz o saudoso historiador Darcy Ribeiro em sua obra "O Povo Brasileiro", o Rei de Portugal Dom João III outorgou a Tomé de Souza a Carta Constitucional para fins de gerir o país recém-achado, haja vista o fato de que naquele momento a legislação previa a aplicação das leis, conhecidas como ordenações manuelinas, datadas de 1512,[34] posto que regulavam as relações mormente à colonização das terras do Império português.

O processo de democratização do Brasil se deu de forma lenta e à custa de muito empenho por parte dos eminentes juristas da época, pois durante o período colonial não havia eleições para a ocupação dos cargos de gerência da colônia, que estava em franco desenvolvimento, a saber: a ilha Brasil. Para a ocupação de cargos na esfera pública, havia a necessidade de ser nomeado para ter participação nas instituições sociais, gerando acentuado descontentamento entre os interessados no poder de gerência da coisa pública; culminando na colisão desses interesses com os poderes locais das capitanias hereditárias, gerando, a partir de então, certa instabilidade política quanto aos ocupantes do poder, o que levaria ao pensamento de autonomia na liderança de certas partes da colônia; destarte, estava formado o embrião do Estado Federal que viria, mais tarde, tornar-se realidade, porque o Brasil é uma República Federativa.[35]

A partir deste momento histórico, ocorreria no Brasil uma série de evoluções e revoluções, todas com o intento de estabilizar o país em todos os aspectos: político,

[34] - RAMAYANE, *op. cit.*, p. 7.
[35] - Ibid., p.7.

econômico e social, metas lançadas, a princípio em plano ideal, mas que ao longo das épocas, por meio das constituições que seriam promulgadas, pouco a pouco, os ideais seriam alcançados e outros seriam lançados em seu lugar, posto que o ideal é meta possível de ser alcançada, porém é inalcançável porque alcançá-lo, seria atingir a perfeição e isso não é predicado do ser humano. Dessarte, partindo da premissa de que o ser humano está em constante evolução, como diz Heráclito[36], filósofo grego, séc. VI a.c., em sua célebre assertiva: "O homem não pode banhar-se, por duas vezes, nas mesmas águas do rio".

O pensamento de Heráclito, considerado por muitos como o pai da dialética[37], tem influenciado grandes personagens da filosofia ao longo do tempo e ainda hoje, causa no pesquisador um deslumbramento ao compreender a verdade, há muito citada e que expressa o pensamento filosófico deste célebre autor; pois; ele tem a concepção de que tudo flui e de que a única verdade fática são os opostos caracterizados por sua mudanças, verbi gratia, quente e frio, úmido e seco, sendo a verdade aparente das coisas somente uma ilusão. Então, da análise profícua da célebre assertiva supracitada, depreende-se que na segunda vez em que o homem se banha nas águas do rio, ele, o rio, já não é o mesmo, pois, suas águas são novas, porém, aquelas, já passaram e também o homem não é o mesmo porque está em

---

[36] - HERÁCLITO, séc. VI a.c–535 a 475 a.c, filósofo grego, pré-socrático, nasceu na pólis de Éfeso e praticava a dialética. Seu pensamento influenciou: Platão, Aristóteles, Hegel, Nietzche, Heidegger, Popper, Marx, Whitead e Carl Gustav Jung.

[37] - <http:// http://www.infoescola.com /heráclito> acesso 10 nov. 2012, 23h50min.

constante mutação.

2. As faces da Democracia nas Repúblicas do Brasil

Figura 9 - Brasão de Armas e Bandeira Monárquica brasileira - Símbolos Nacionais

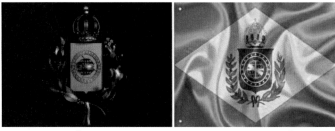

Fonte: Compilação do autor. Imagem dos sítios resumo escolar[38] (à esquerda); e pinimg.com (Pinterest.com)[39] (à direita).

Com efeito se sabe que tudo flui, logo, todas as coisas estão em constante movimento, ou seja estão em evolução, mutação, transformação; assim é importante pesquisar sobre a democracia dentro do Estado democrático de direito; bem como verificar as características de cada etapa do processo evolutivo da estabilidade política e social no país, haja vista o fato de que em cada momento histórico houve um evolutivo processo de abrandamento das relações do Estado, bem como o reconhecimento, por Ele, dos direitos que são

---

[38] - Disponível em: <https://www.resumoescolar.com.br/historia-do-brasil/resumo-do-brasil-imperio/> Acesso em 27.mai.2021.
[39] - Disponível em: <https://www.resumoescolar.com.br/wp-content/imagens/resumo-do-brasil-imperio.jpg> Acesso em: 27.mai.2021.

ínsitos do cidadão, até atingirmos o ideal que é a dignidade da pessoa humana; por isso dizer "as faces da democracia nas Repúblicas".

Esta assertiva expressa o sentimento havido em cada Constituição Federal promulgada; bem como o espírito da lei que permeia cada nova Constituição Federal e essa sempre se mostra mais protetiva dos direitos cidadãos; por isso dizer Repúblicas, pois, embora a forma de governo "República" seja una, a cada promulgação de nova Carta Constitucional – Carta Magna – tem-se nova Republica; pois tudo é novo, como dito alhures, tudo está em constante movimento, assim a ab rogação da Constituição e a promulgação de uma nova, evidentemente denuncia nova Constituição Federal e, portanto, novos, todos os mecanismos de que depende para funcionar conforme se espera.

O ser humano é único e multicomportamental, único porque não há outro com identidade igual, isto é, a impressão digital, a íris, o D.N.A, todas essas peculiaridades somente se encontram naquele indivíduo que as portam, que tem a sua titularidade. É multicomportamental porque imprevisível a sua forma cognoscitiva de apreender comportamentos que lhe são impostos pela sociedade, bem como imprevisível o conceito de relevância que tem das ações que sofre e que pratica diariamente, ainda que sejam subjetivas, pois o indivíduo pode desempenhar uma função centenas de vezes e em todas elas fará algo novo, diferente, inusitado, quiçá surpreendente, isso é o que o individualiza e o faz melhor ou pior, bom ou mau, segundo o conceito, também individualizado, que seus semelhantes têm dele.

Esse comportamento também se evidencia na vida daqueles que governam o país, e também daqueles que legislam; enfim é ínsito do ser humano ser diferente e essa diferença reflete na condição social que é oferecida ao povo, por meio de seus representantes, pois a história está repleta de exemplos de governantes que foram bons e que foram ruins para seus tutelados, bem como há leis que são tidas como justas e leis tidas como injustas, daí a necessidade de se apontar a progressividade na melhora, caso tenha havido, das condições sociais, culturais, religiosas e políticas, bem como melhora nas relações entre o Soberano e seus tutelados – o povo, de fato, verdadeiros detentores do poder.

3. Constituição Política do Império do Brasil de 1824

Figura 10 - Constituição Política do Império de 1824, e Bandeira Monárquica do Brasil.

Fonte: Compilação do autor. Imagem dos sítios pinterest.com[40] (à esquerda) e pinimg.com[41] (Pinterest.com) (à direita).

A CF/1824[42], promulgada em 25/03/1824 tinha caráter conservador, haja vista o fato de que é a primeira Carta Magna do país, portanto, não é de se admirar que fosse voltada para os interesses das abastadas classes sociais da época, a elite aristocrática, formada por intelectuais, daí o nome aristocracia, do grego aristokracia, que é sinônimo de: poder dos melhores. Com o fim de garantir a supremacia dessa classe de pessoas em detrimento de outras menos abastadas, mantinham-se rígidas restrições aos membros da sociedade, dificultando sobremaneira a

---

[40] - Disponível em: <https://assets.pinterest.com/ext/embed.html?id=737183032746537671> Acesso em: 27.abr.2021.
[41]- Disponível em: <https://i.pinimg.com/564x/d9/2d/56/d92d56532b4346d23d114504f4180654.jpg> Acesso em: 27.abr.2021.
[42]- Constituição Federal de 1824 disponível em <http://www.planalto.gov.br> acesso em 12 nov. 2012, 23h00min.

sua inclusão social, para fins de participar ativamente na gerência do país, por meio de voto eleitoral. Nessa Constituição estava explícito o ideal monárquico que por muito tempo impregnou as mentes dos, então súditos brasileiros, e como havia somente 02 anos da independência do Brasil, 1822; é plausível que a produção jurídica fosse prejudicada em face dos direitos individuais que, aliás, naquela época era um ideal possível, porém, inalcançável.

Dado o caráter elitista da sociedade pós-monárquica, essa, primava pela mínima participação do povo nas atividades públicas, daí as diversas restrições que permeavam o cenário político, da época, em clara disposição de lei, tal qual as de caráter eletivo. O voto eleitoral caracterizava-se pela exclusão social, por isso era sufrágio restrito, isto é, havia restrição de voto, pois, somente aqueles que preenchessem determinados quesitos poderiam votar. Assim, estavam excluídos do processo eleitoral ativo e passivo: os menores de 21 (Vinte e um) anos, os filhos de arrimo, criados serviçais, religiosos e por fim, aqueles que possuíam renda líquida inferior a cem mil réis por bem de raiz.

Então, como forma de dificultar ainda mais o acesso popular ao poder, o Art. 90, da CF/1824 prescrevia que Deputados e Senadores poderiam ser nomeados para Assembleia Geral e Conselho Geral das províncias por meio de eleições indiretas, ou seja, sem a efetiva participação popular. Essa maneira de se alcançar o poder defluía das condições precípuas de elegibilidade, pois somente podia participar do processo eletivo quem tivesse como renda líquida, o montante de 400.000 (quatrocentos mil) réis.

Por fim, é curioso notar que os Deputados exerciam mandato temporário, mas o Senador cumpria mandato vitalício, tal qual os romanos, porém essa realidade fora alterada pelo ato adicional, Lei nº 16/1824. Essa constituição fora redigida pelos ilustres juristas: José Bonifácio de Andrada e Silva, D. Pedro I, dentre outros constituintes e tinha a denominação de Constituição Política do Império do Brasil.[43]

---

[43] - RAMAYANE, *op. cit.*, p. 8.

4. A Constituição da República dos Estados Unidos do Brasil de 1891

Figura 11 - Brasão do Período Imperial e Bandeira da República brasileira - Símbolos Nacionais.

Fonte: Compilação do autor. Imagem do sítios resumo escolar[44] (à esquerda); e ASSY[45] por Pixabay (à direita).

A CF/1891, promulgada em 24/02/1891, embora fosse produto evolucionista, de uma nítida revolução no pensamento jurídico da época em virtude da adesão à República como forma de Governo, e do pensamento Federativo que reconhece o Brasil como sendo formado pela união indissolúvel dos Estados, que embora sejam independentes mantêm correlação harmônica com o poder Maior, diga-se, com o Poder Federal, dado o sistema de

---

[44] - Disponível em: <https://www.resumoescolar.com.br/historia-do-brasil/resumo-do-brasil-imperio/> Acesso em 27.abr.2022.
[45] - Disponível em: <https://pixabay.com/pt/photos/olimpíadas-no-brasil-1420476/> Acesso em 27.abr.2022.

Governo Presidencialista que é adotado pelo país, contudo, ante essa inovadora mentalidade política os constituintes ainda relutaram em possibilitar o acesso popular aos meios de gerência pública, por meio do processo eletivo.

Essa constituição, a exemplo da anterior, trazia em si, impregnados, os fortes traços da discriminação popular, pois se de um lado houve crescimento no Direito, afim de possibilitar à sociedade ter direitos; por outro, houve a estagnação dos direitos públicos subjetivos dos cidadãos, pois o popular, qualquer do povo, não tinha a mínima chance de tornar-se elegível, pois era patente a política excludente do sistema eletivo que, agora, tinha por característica inovadora, a suspensão dos direitos políticos do cidadão, por incapacidade moral, dentre outras. Com isso, perdurava a discriminação quanto aos populares, haja vista o fato de que o alistamento eleitoral era vedado aos mendigos, praças de pret, isto é, aos recrutas ou conscritos, dentre outros.

Forte característica desse sistema eleitoral restava, ainda, no fato de que o sufrágio, como na constituição anterior, continuava restrito, portanto não houve avanço político no sentido de permitir o livre acesso popular às atividades públicas, porém, houve significativo avanço político em pró da proteção daqueles eleitos que compunham os expedientes públicos nos cargos governamentais, pois fora criada a imunidade formal, que dá aos Deputados e Senadores a prerrogativa de serem presos e processados criminalmente, somente com a anuência das respectivas câmaras, salvo os casos de flagrante delito de crime inafiançável. Por derradeiro a constituição, com o fim de possibilitar aos populares a participação no processo eletivo, isto é, de escolha dos governantes, estabelece o sufrágio direto para a eleição de Presidente e Vice-Presidente da República, porém, com a maioria absoluta de votos, o que marca o início de relevantes conquistas populares que se seguiriam em épocas vindouras. Essa constituição fora redigida pelos constituintes: José Prudente de Moraes, Lauro Sodré, dentre outros.

5. A Constituição da República dos Estados Unidos do Brasil de 1934

Figura 12 - A CF/1934 e o início da era Vargas.

Fonte: Compilação do autor. Imagem do sítio <u>pt.wikipedia.org</u>[46] (à esquerda);e do <u>canal história contada</u>[47] (à direita).

O Brasil há pouco mais de cem anos de sua independência e há 45 (Quarenta e cinco) anos da proclamação de sua República, continua avançando em direção ao progresso e acreditando estar no rumo certo, por seus governantes, chega-se ao consenso de que havia a necessidade da promulgação de nova Constituição Federal, haja vista o fato de que o texto legal não contempla a nova realidade social da época que devido às diversas mudanças nos cenários social, cultural e religioso, bem como, a premente necessidade de mudança nas políticas que regem a sociedade, até então, deste

---

[46] - Disponível em:
<<u>https://pt.wikipedia.org/wiki/Constituição_brasileira_de_1934</u>> Acesso em: 27.abr.2022
[47] - Disponível em:
<<u>https://i.ytimg.com/vi/B4BIkETeQ8k/hq720.jpg?sqp=-oaymwEcCOgCEMoBSFXyq4qpAw4IARUAAIhCGAFwAcABBg==&rs=AOn4CLDvsuNK5LzBUEhIVMSeTg5G9alRXw</u>> Acesso em: 27.abr.2022.

modo, com denodo, opera-se a edição da Constituição de 1934 que vem ab rogar a Carta Constitucional anterior, em face das efetivas mudanças sociais.

Assim em 16/07/1934 fora promulgada a Constituição da república dos Estados Unidos do Brasil, e com ela surge, ainda, relevantes mudanças no cenário político mormente a seara do Direito Eleitoral, portanto, nesse momento, há a elevação da justiça eleitoral ao patamar constitucional, como órgão do Poder judiciário, através do Dec. Nº 21.076/32; é de bom alvitre notar que nessa época o Código Eleitoral vigente estava no estrado das leis infraconstitucionais, portanto, com a brilhante ascensão da Justiça Eleitoral, agora ao nível constitucional, o país começou a trilhar novos e mais perfeitos caminhos no sentido de integrar a sociedade nos seus trabalhos públicos, através da possibilidade de maior número de pessoas poderem preencher os, ainda difíceis, requisitos para tornarem-se elegíveis e eleitos, para fins de contribuição ao crescimento do país, em pró da nação brasileira.

Com o advento da promulgação desta constituição houve, também, importante inovação constitucional, consagrando-se, de certa forma princípios que tendiam ao regime Democrático, de fato, sendo esses as bases dos princípios políticos positivos que permeiam o Direito Constitucional, e que iniciariam uma geração de repetições nas CF's subsequentes. - Importante evolução nas prerrogativas, concernentes à imunidade formal, pois nesta nova edição da Carta Magna houve a consagração das imunidades formais e materiais; contemplavam também as hipóteses de incompatibilidades e impedimentos, desincompatibilização e inelegibilidade, pois se estavam buscando salvaguardar os direitos, até então, conquistados, bem como direcioná-los, ainda que de forma prematura, aos tutelados, ou seja, à sociedade brasileira.

- Com elogios e palmas, se deve homenagear os constituintes de 1934, isso porque ante a resistência da governança anterior que mantivera, por mais de um século, a população à margem do cenário político nacional, através de difíceis, para não dizer, para muitos, remotas possibilidades de efetiva participação no destino da nação, mediante a prestação de serviços públicos na área política partidária, agora mediante o aperfeiçoamento da democracia consagra-se, também, o sufrágio universal igual e direto, pondo fim às restrições admitidas anteriormente, agora o povo tinha possibilidade de deixar sua marca na história, consoante à participação na área política partidária e já não necessitavam de representação para eleger, indiretamente, seus representantes; com este novo advento a população in re ipsa poderia escolher seus representantes governamentais.

Com a consagração do sufrágio universal para todos os membros da sociedade que em igualdade de condições poderiam comparecer ao pleito eleitoral e de forma direta eleger aqueles que julgavam estarem prontos para lhes representar nas esferas dos governos Federal, Estaduais e Municipais; houve também a consagração do instituto da inelegibilidade, da perda e da suspensão dos direitos políticos, isso para contemplar as várias hipóteses de comportamentos ilícitos a que estão sujeitas todas as autoridades, servindo tais institutos como sanções administrativas, propriamente ditas, que tinham com fim, precípuo, a não maculação do regime democrático que encontrava-se perfeito para o momento. Participaram da elaboração dessa Carta Magna, os eminentes constituintes, dentre outros: Antônio Carlos Ribeiro de Andrade e Fábio Sodré.

6. Constituição dos Estados Unidos do Brasil de 1937

Figura 13 - Constituição dos Estados Unidos do Brasil de 1937 e do Presidente Getúlio Vargas.

Fonte: Compilação do autor. Imagem do sítio camara.leg.br[48], CF/1937[49] (à esquerda); e wikipedia.org[50]

As significativas mudanças nos cenários político, social e cultural da sociedade brasileira demonstravam o amadurecimento da nação como um todo, pois ainda que de forma lenta, o conhecimento e interesse político social estava em expansão, embora não dê para dizer que o povo brasileiro, em 1937, era politizado; porém as constantes mudanças sociais, que numa velocidade avassaladora transformavam os costumes sociais, são mostras de uma sociedade afoita por mudanças e de certo modo, denota

---

[48] - Disponível em: <https://www2.camara.leg.br/atividade-legislativa/legislacao/imagens-das-constituicoes/1937.jpg/image_preview> Acesso em: 27.abr.2021
[49] - Disponível em: <https://pt.wikipedia.org/wiki/Constituição_brasileira_de_1937> Acesso em: 27.abr.2021
[50] - Disponível em: <https://pt.wikipedia.org/wiki/Getúlio_Vargas> Acesso em: 27.abr.2021

uma assimilação das regras impostas positivamente, bem como um constante aprendizado de forma empírica, obtido pela observação e prática do que é permitido e um espírito criador ao desejar romper as barreiras que lhe são impostas pelo sistema normativo fazendo com que, esse, sucumba aos seus desígnios, passando então a legitimá-los, assistindo a tais fatos sociais a características de fatos jurígenos. Portanto, da necessidade de experimentar o novo, nasce a CF/1937 que vem dar validade jurídica aos fatos sociais já praticados pela sociedade, bem como vem instituir mudanças que anos mais tarde, seriam vistas como radicais.

Nesse momento nasce para a nação brasileira o chamado Estado Novo, estando no Poder o Excelentíssimo Presidente da República Dr. Getúlio Vargas[51] [52] A partir desse momento o Brasil experimentaria significativas mudanças sociais e políticas, pois ascendendo ao Poder, Getúlio Vargas, caiu na tentação de ser o Soberano, semelhantemente aos reis da idade média que viam no absolutismo a resposta aos seus anseios e a manutenção do seu ego; assim esse novo representante do povo trouxe para si os poderes, centralizando-os na figura do presidente eleito, que por sua vez tinha legitimidade para intervir nos Estados, com isso demonstrou-se suas tendências ditatoriais, semelhantemente a Mussolini, Adolf Hitler, Franco – na Espanha, Salazar – em

---

[51] - http://www.infoescola.com/historia/era-vargas/ acesso 11 de out. 2012, 20h00min

[52] - Getúlio Dorneles -1882 a 1954 -, advogado e político, fora presidente do Brasil por 15 anos ininterruptos, de 1930 a 1945, após o golpe de Estado que pôs fim à república velha e impediu a posse do presidente eleito Júlio Prestes.

Portugal e outros ditadores como os da Romênia, Hungria e da Polônia.[53] O povo brasileiro que por mais de um século, a contar da independência do país, aspiravam pelo reconhecimento dos seus direitos coletivos, apenas tiveram a oportunidade de experimentá-los com advento da Constituição anterior; agora aquele que detém poder Soberano faz desaparecer a principal ferramenta de que valeu-se para aproximar-se do poder, a Justiça Eleitoral nos moldes da CF/1934, e tão logo teve a oportunidade, usurpou-o, fazendo-se Presidente de forma ilegítima, se quer ponderando se a sociedade o queria como seu representante. Ao suprimir a Justiça Eleitoral, reduziu-a à circunscrição de cada Estado conforme a Lei Constitucional nº 09/1945; ainda vedou ao Poder Judiciário o conhecimento de "questões exclusiva- -mente políticas" conforme prescrevia o Art. 94 da supracitada lei.

Na sua desenfreada busca da manutenção da concentração do Poder Político em si, o então Presidente admitiu o caráter restrito do sufrágio, tal qual o era outrora; assim o Art.117, da Lei Complementar nº 05 de 10 de março de 1942 - publicado no D.O.U[54], prescrevia que é vedado o alistamento de pessoas analfabetas, de militares em serviço ativo, mendigos, aqueles que estivessem privados temporária ou definitivamente de seus direitos políticos. Assim, deflui-se deste triste episódio, pelo qual passara a democracia brasileira, que nesse período de 15 (Quinze) anos durante os quais Getúlio Vargas este à frente do país, houve, no cenário

---

[53] - RAMAYANE, *op. cit.,* p. 10.
[54] - RAMAYANE, *op. cit.*, p. 11.

político, uma regressão consoante a aplicação de restrições que já faziam parte do passado de muitos cidadãos brasileiros e que naquele momento teriam que submeter-se a elas, bem como houve uma redução da democracia, fazendo-se apenas Estado de direito em detrimento dos direitos transindividuais, termo à época não conhecido pela sociedade. No aspecto social, houve certa progressão, principalmente com a instituição dos direitos trabalhista que visava assegurar à classe trabalhadora, a igualdade consoante às condições pessoais de trabalho e sua remuneração.

A partir desse episódio na história política do Brasil, os constituintes que se seguiram tiveram a árdua tarefa de reconstituir a democracia, de forma a produzir segurança jurídica à sociedade para que seus direitos coletivos não fossem mais suprimidos a qualquer título. Essa Nova Ordem Jurídica Constitucional fora elaborada pelo próprio Getúlio Vargas e outros tais como: Eurico Gaspar Dutra, Francisco Campos e Marques dos Reis.

7. Constituição dos Estados Unidos do Brasil de 1946

Figura 14 – Assembleia Constituinte de 1946.

Com o fim da era Vargas, a sociedade brasileira pôde novamente vislumbrar o horizonte e perceber que era possível alcançar o tão almejado direito subjetivo, assim foi-lhes

Fonte:Imagem[55] do sítio memorial da democracia[56]

possível requerer os seus direitos coletivos, aqueles que foram suprimidos pelo regime de natureza totalitária, tal qual o foi chamado Estado Novo, assim para que fosse possível a retomada do crescimento do Estado Democrático de Direito, foi necessário a convocação, através da lei constitucional nº 13/1945, para a redação da nova Carta Magna, que buscaria exercer a sua função social, que é garantir a mantença do Estado Democrático de direito, propiciando aos tutelados condições dignas de convivência mútua e melhor relação com o Estado. Com efeito esta nova Constituição Federal promulgada em 18/09/1946, tratava dos poderes do parlamento, eleito em 02/12/1945 com a participação direta do, então

---

[55] - Disponível em: <http://memorialdademocracia.com.br/publico/thumb/18611/740/440> Acesso em: 27.abr.2021.
[56] - <http://www.memorialdademocracia.com.br/ > Acesso em: 27.abr.2021.

Presidente, José Linhares. Outrossim, com o fim de redigir o projeto dessa constituição foram criadas 10 (Dez) comissões constituintes que atingiu seu desiderato ao promulgar em 18/09/1946 a nova Carta Magna, naquele momento, necessária para fins de fortalecer a Democracia; posto que fora ameaçada pelo governo anterior.

A CF/1946, por ter a tarefa de restabelecer a ordem e fortalecer a Democracia o Estado de Direito, fora elaborada de forma mais abrangente para que congregasse em seu corpo além da mantença dos direitos já adquiridos pelos cidadãos, outros dispositivos legais que possibilitariam o crescimento do Estado de direito, bem como impediria, ao menos em tese, que, acaso outro governante se auto intitulasse ditador, pelo fato de ser tentado a pôr em prática seus atos antidemocráticos e atentatórios ao Estado de direito e, como dito alhures, à democracia. Assim, essa constituição em seus arts. 119 usque 121; tratava de regras aprimoradas sobre a competência, organização, recursos eleitorais e outras matérias de direito material, processual e de cunho administrativo eleitoral, bem como, dispunha ainda, em seu Art. 96, III, a vedação, pelo magistrado, juiz, o exercício político partidário; e consagrava o biênio para o exercício da função judicante eleitoral, prorrogável por igual período.

Com o progressivo crescimento do Direito e consequentemente da democracia, buscou-se a segurança jurídica nas decisões proferidas pelos tribunais, ao disciplinar o princípio da irrecorribilidade das decisões do

T.R.E - Tribunal Superior Eleitoral; com o fito de não permitir a duração ad infinitum no processo judicial, também restaurou-se os direitos dos cidadãos mormente ao sistema eleitoral, haja vista o fato de que o sufrágio tornava a ser direto, e o voto secreto, assegurando-se a representação proporcional dos partidos políticos nacionais, na forma da lei.

Por fim, houve definitivamente a consagração dos institutos que versavam sobre a perda e a suspensão dos direitos políticos, das inelegibilidades, das incompatibilidades e dos impedimentos, isso tudo, como fruto do restabelecimento da democracia em pró do crescimento do Estado de direito, dentro do Estado Brasileiro. Participaram na redação dessa constituição, renomados constituintes, dentre outros: Aliomar Baleeiro, Raul Pilla e Heráclitu F. Sobral Pinto.

8. Constituição da República Federativa do Brasil de 1967

Figura 15 - Constituição do Brasil e a Assinatura dos constituintes de 1967.

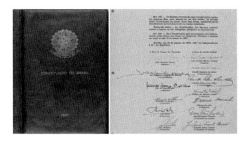

Fonte: Compilação do autor. Imagem do sítio wikmedia.org[57] e wikimedia commons[58]

Vinte e dois anos após o fim do regime ditatorial que prejudicou o crescimento do país em matéria de Direito como ciência e que estagnou a democracia na tentativa de extingui-la, vê-se novamente, às portas, regime semelhante, porém pouco mais permissivo em matéria dos direitos adquiridos, porém, um regime ditatorial, de fato. Esse regime é consequência de uma guerrilha urbana que deflagrou a chama Revolução de 1964, culminando em 02 emendas constitucionais; a primeira EC veio a revogar a inelegibilidade do Chefe do Poder

---

[57] - Disponível em: <https:a//commons.wikimedia.org/wiki/File:Constituição_do_B rasil_de_1967_p._73.jpg> Acesso em: 27.abr.2021.

[58] - Disponível em: <300px-Constituição_do_Brasil_de_1967_p._00_(capa).jpg (300×421) (wikimedia.org)> Acesso em: 27.abr.2021.

Executivo tornando alistável e elegível o destinatário dessa alteração constitucional que à época, era o, então, General Humberto Castelo Branco[59] que claramente à luz do dia, deu mostras de seu Golpe de Estado ao fazer-se Presidente, verbi gratia do que já havia ocorrido em 1937.

Era a história se repetindo e para fins de legitimar seus atos, por seus poderes, o então Presidente, procedera a relevantes alterações no texto constitucional, através dos Ais – Atos Institucionais de nº 01, 02, 03 e 04; além de EC – Emendas Constitucionais, que culminariam na redação de nova Carta Magna, promulgada em 24/01/1967. Esse novo texto constitucional era um misto de novidades permissivas e de direitos já adquiridos, proibidos, tal qual o fim do sigilo do voto na eleição presidencial, instituindo-se novamente o voto indireto, que fazia com que, no congresso, o voto fosse conhecido por todos, o que esperava, facilitasse a sua mantença no poder, por meio das eleições indiretas, posto que os presidentes, a partir de então seriam eleitos pelo colégio eleitoral, obviamente formado por outros da sua estirpe.

A despeito do evidente golpe de Estado sofrido pela nação brasileira e seu a Democracia, a governança procurou manter inalterados alguns instrumentos a serviço do Estado de direito, tal qual a Justiça Eleitoral que continuava a ser tratada em níveis constitucionais, conforme prescrito pelos Arts. 123 usque 132; bem como a mantença da organização da Justiça Eleitoral que disciplinava os institutos da suspensão e da perda dos direitos políticos. Embora, tratava-se de regime, tido,

---

[59] - RAMAYANE, op. cit., p. 12.

como ditatorial, esse, procurava diferenciar-se do regime ditatorial que o antecedera há algumas décadas e assim passou a considerar o sufrágio como universal o voto direto e por escrutínio secreto, excetuando-se os casos previstos na constituição.

Para manter-se a unidade partidária, no poder, foi insculpido no Art. 149, CF/1967, dispositivo de lei que proibia aos partidos políticos as coligações partidárias, mantendo-se assim os institutos do impedimento e da incompatibilidade, o que, de certa forma, contribuiria para a mantença, no poder, por seus iguais, haja vista o fato de que tratava-se de lideranças que integravam altas patentes do comando militar do país, portanto, eram os militares como Chefes de Estado Maior e como Chefes de Governo. O momento histórico, pelo qual passara o país traduzira-se em prejuízos para a democracia e para o povo brasileiro que estava sofrendo a restrição de seus direitos e sem forças, resistiam às duras medidas editadas pela governança ditatorial, buscando libertar-se em uma luta sem fim que congregava a cada dia, diferentes personalidades sociais, umas conhecidas outras anônimas, naquele que momento mas que em futuro, ainda distante, seriam conhecidas por todos; eram os que lutaram contra a opressão e a tirania que lhes sufocava, e que sabiam que no momento certo se libertariam, embora muitos tenham perdido a vida nesta luta incessante pela liberdade plena.

Essas alterações ao texto constitucional foram introduzidas por eminentes personalidades da vida pública daquela época, dentre outras: Castelo Branco,

Orozimbo Nonato e Carlos Konder Reis.

9. A Constituição da República de 1967, EC nº 01/1969

Figura 16 - Em 17 de outubro de 1969 a Emenda Constitucional nº 01 é promulgada pela junta militar.

Fonte: imagem do sítio dco[60] (diário da causa operária)

Ante as relevantes mudanças constitucionais introduzidas na constituição de 1946 e com as crescentes mudanças no cenário político e social brasileiro, foi inevitável a redação de nova constituição, a despeito, de que tratava-se em alguns pontos de alteração in pejus, no que tangia aos direitos da sociedade, pois tratava-se de regime de natureza totalitária, que tem no ditador, a figura de um presidente que tem em si e por si, todo o poder, posto que usurpa o poder dos cidadãos, que até então deveriam ser tutelados pelo Estado e não oprimidos por Ele. Buscando legitimar seus atos, de usurpação de poder, por meio de dispositivos legais, em 17/01/1969 com

---

[60] - Disponível em: <https://causaoperaria.org.br/2018/de-outubro-de-1969-promulgada-pela-junta-militar-a-emenda-constitucional-no1/ > Acesso em: 27.abr.2021.

fulcro no art. 3º do AI nº 16 e do art. 2º, §1º do AI nº 05, o poder executivo promulgou a EC nº 01, sendo essa a primeira de outras EC's que seriam publicadas em épocas vindouras. Ao contrário de outras emendas constitucionais, exclusivamente, essa EC nº 01/1969, trouxe em seu texto toda a literalidade da lei anterior, ou seja, houve, de fato alterações na Carta Constitucional de 1967, porém optou-se por consolidá-la, isto é, reescrevendo-a totalmente, e nessa ocasião adicionar as e alterações determinadas pelas EC nº 02 usque 25, que culminaram na nova Constituição que fora promulgada em 24/01/1969.[61]

Inicia-se a adequação do sistema governamental à nova realidade social e política do país a começar pela observância do art. 112, CF/1967, modificada pela EC nº 01 que trata do Poder Judiciário incluiu os tribunais e juízes eleitorais na organização judiciária, sem mencionar as juntas eleitorais. Esse equívoco foi reparado aos disciplinar os tribunais e juízes eleitorais nos arts. 130 usque 140 da CF/1967, EC nº01. A regulação dos direitos políticos está esculpida nos Arts. 147 usque 151 da CF em vigência e ainda regula as perdas e suspensão dos direitos políticos e as inelegibilidades; já o Art. 149, § 3º desse mesmo diploma legal preceitua que a lei complementar disporá sobre os direitos políticos, sua fruição, seu exercício, a perda, a suspensão e condições de reaquisição, na hipótese de incidência de qualquer destes itens elencados no artigo em comento, também dispunha sobre a exigência de quórum de maioria absoluta para aprovação de projetos, portanto, diz-se maioria absoluta

---

[61] - RAMAYANE, *op. cit.*, p. 12.

de votos o montante de 50,0% + 1 dos votos apurados.

Figura 17 - Emenda Constitucional nº 01/1969 - A nova Constituição do Brasil.

Fonte: Imagem do sítio www.traca.com.br[62]

Participaram na redação dessa Emenda Constitucional, os notáveis: Augusto Hammann Rademaker Grünewald, Aurélio de Lyna Tavares e Márcio de Souza Mello.[63]

---

[62] - Disponível em: <https://www.traca.com.br/capas/731/731644.jpg> Acesso em: 27.abr.2021
[63] - Ibid., p. 13.

10. A Constituição Federal da República Federativa do Brasil de 1988.

Figura 18 - Constituintes de 1988 - ao centro o Eminente constituinte "Ulysses Guimarães".

Fonte: Imagem do sítio cnts.org.br[64]

Quase dois séculos foram necessários, desde a independência do país, para que o cidadão brasileiro pudesse alcançar os ideais, há muito lançados por seus antecessores, in memoriam, por eles, muitos tiveram suas vidas ceifadas para que, somente no século XXI, a sociedade pudesse desfrutar dos direitos coletivos transindividuais, pelos quais, tão somente sonharam, e morrendo naturalmente ou assassinados em virtude de suas aspirações político sociais, não os alcançaram, contudo, seus exemplos lançaram o gérmen de uma esperança, um fogo inapagável nos corações humanos, esse que como a tocha olímpica, é passado ao seu próximo, para que no final todos sejam vencedores, esse é o fogo do Direito.

---

64 - Disponível em: <https://cnts.org.br/wp-content/uploads/2018/04/constituinte-1988-945x462.jpg> Acesso em: 27.abr.2021

A sociedade moderna tem vencido a tirania em todos os seus aspectos e de forma ímpar tem subsistido às dificuldades que se lhes apresentam dia a dia. Note que em 03/05/1933 as mulheres conquistaram o direito de votar,[65] era a sociedade feminina brasileira soltando a sua voz, de igual modo e com indômito valor, a sociedade brasileira, tem perpetuado seus ideais, de modo que ainda hoje, continua a lançá-los, esses, hoje inalcançáveis, mas que, certamente, no futuro, florescerão ante os olhos de outros bravos cidadãos, que de igual modo são, também, idealistas e realizadores.

É com esse espírito indômito que a sociedade brasileira moderna acompanhou, ao vivo, a promulgação da Carta Magna promulgada em 05/10/1988, essa que consolida os anseios populares há muito queridos por todos, e que comporta o espírito da lei, mormente ao Estado Democrático de direito; principalmente por aqueles que se engajaram na luta contra a tirania e a opressão dos regimes políticos que antecederam essa sociedade; sendo por muitos chamada de Constituição Cidadã, por que dispensa de modo ímpar, capítulos inteiros à observação dos direitos sociais, políticos, culturais e religiosos, pugnando pela igualdade entre os, iguais, membros da sociedade brasileira; bem como dispensando tratamento justo aos desiguais, na medida das suas desigualdades.

Com efeito a CF/1988 trata das atribuições do poder público, bem como da organização do Poder Judiciário, dos tribunais e juízes eleitorais; como se vê há preocupação em salvaguardar os direitos eleitorais, e

---

[65] - RAMAYANE, op. cit., p. 19.

para tanto, atribui ao MP - Ministério Público e o MPE - Ministério Público eleitoral, a defesa do regime democrático, conforme deflui da inteligência do artigo 127, CF/1988. O reconhecimento do Estado Democrático de Direito, contribui para a expansão dos direitos subjetivos do cidadão, pois o esse sempre lutou para ter o reconhecimento de seus direitos, agora, porém, nesta nova realidade social, a Carta Magna reconhece ainda os direitos de entes abstratos, tais quais os partidos políticos, que são considerados pessoas jurídicas de direito privado, sendo de livre a sua criação no cartório de registro civil das pessoas jurídicas e o consequente registro de seus Estatutos no TSE – Tribunal Superior Eleitoral;[66] esse estatuto deverá conter sanções a serem cominadas em caso de infidelidade partidária dentre outras.

Para que se dê segurança jurídica e transparência no processo eleitoral, a constituição privilegia o aprimoramento dessas eleições, através do aperfeiçoamento do processo eleitoral, propriamente dito, e para tal institui as fases desse processo, quais sejam: o alistamento, a votação, a apuração e a diplomação dos eleitos, porém segundo o doutrinador, Dr. Marcos Ramayane "o aprimoramento das eleições no Brasil, somente atingirá elevados níveis, com a educação do homem político. "[67] No Brasil, nesse momento histórico em que fora promulgada a CF/1988, pode se dizer que houve a consolidação dos ideais de várias gerações de pessoas visionárias, de outros países, que sonhavam o dia em que

---

[66] - RAMAYANE, *op. cit.*, p. 13.
[67]- Ibid., p. 13.

fossem libertos da tirania e da opressão em virtude da conquista dos direitos políticos e civis, até então desconhecidos pela sociedade da época, porém, criam esses visionários que tal, era possível, pois tinham em si a concepção do direito natural que prega que o homem é livre por natureza, verbi gratia, se tem a Carta Magna escrita, na Inglaterra, por João Sem Terra, durante o reinado de Henrique III. Aquele havia sido deserdado seu pai, porém como era o sucessor ao trono, ao ascender ao poder, com a morte do pai, em batalha, tornou-se um rei que oprimia o povo apenando-o com o pagamento de altos impostos, chegou, porém, o momento em que a população, representada pelos notáveis da época, compareceram sua presença e exigiram que fossem lhes assegurado direitos como seres humanos; assim não tendo outra saída, pois há muito vinha oprimindo o povo, então assentiu às concessões requeridas pelos representantes do povo, então nascia aí, na Inglaterra no ano de 1215 a primeira Carta Magna, na história mundial, que bem definia os direitos humanos, e que mais tarde viria a ser adotada mundialmente.

Como apogeu desses ideais, se tem a preocupação da governança em garantir, constitucionalmente, que haja transparência nos processos eletivos, com o fim de ilidir as supostas intenções ditatoriais, daqueles que sucumbem a essas tentações do poder; bem como; garantir o acesso a qualquer do povo, a participação na gerência dos institutos públicos, qualquer que seja a esfera; assim prescreve a CF/1988, em seu Artigo 17, Inciso III, § 2º; mormente o Direito Eleitoral e o direito partidário que cabe à Justiça Eleitoral fiscalizar o registro dos Estatutos e dos exames das contas dos partidos políticos; bem como; busca proteger esse sistema representativo e os meios que lhe são ínsitos regrando para que se evite a fraude e a simulação conforme prescrito no Art. 86, Parágrafo Único, da CF/1988. Portanto a missão precípua do Direito Eleitoral é instrumentalizar, interligar o universo de eleitores com o melhor aperfeiçoamento dos mecanismos eletivos, para que se mantenha a consolidação desses institutos, alusivos ao sistema eleitoral, mediante a evolução desse sistema que está diretamente ligada ao fenômeno da representatividade.[68]

Historicamente, no Brasil, o Direito Eleitoral fora codificado nos seguintes diplomas legais, a saber: 1- Decreto n°21.076 de 24/02/1932; 2- Lei n°48 de 04/05/1935; 3- Decreto Lei n°7.586 de 28/05/1945; 4- Lei n°1.164 de 24/06/1950; 5- Lei n° 4.737 de 15/07/1965.[69] Alguns juristas que militam nessa seara, do Direito Eleitoral, defendem que a legislação Eleitoral brasileira é um emaranhado de resoluções, provimentos e leis, as quais formam a base legal para a sua aplicação, nesse sentido coaduna com tal entendimento, o eminente doutrinador, Dr. Aroudo Mota, que assim leciona:

> Poder-se-ia dizer, sem medo de errar, que nossa legislação eleitoral é um enorme complexo ou arcabouço de resoluções, provimentos e leis que formam as bases leais para aplicação do

---

[68] - RAMAYANE, *op. cit.*, p. 16.
[69] - Ibid., p. 18.

Direito Eleitoral[70].

Como dito, alhures, o processo eleitoral comporta as fases de alistamento que é a inscrição do cidadão nas respectivas zonas eleitorais; votação é o ato do exercício do voto propriamente dito, a apuração, como o próprio nome aduz, é a contagem dos votos, in re ipsa; e a diplomação que consiste na outorga do poder, de fato, ao eleito para o cargo público, que nesse ato de diplomação, é investido no cargo para o qual fora eleito. - Para fins de manter a transparência e coesão do processo eletivo, alguns juristas que militam nessa área aduzem que o processo eleitoral deve ser controlado pelo Poder Judiciário; neste sentido, aduz, igualmente o insigne doutrinador Dr. Fávila Ribeiro:

> O melhor sistema, é o do controle exclusivo do processo eleitoral pelo Poder Judiciário, com a fiscalização permanente e dinâmico do Ministério Público Eleitoral[71].

De forma análoga, leciona o doutrinador Dr. Marcos Ramayane que a capacitação daqueles elegíveis, para fins de que hajam homens públicos que sejam necessários ao nosso país, imprescindível é, primeiramente, a educação dos pré-candidatos em cursos de formação cívica ou pelo menos, ministrar-lhes, lições básicas sobre matéria eleitoral[72].

Por fim, primando pela capacitação daqueles elegíveis

---

[70] - Idem, p. 19.
[71] - RIBEIRO. Apud RAMAYANE, *op. cit.*, p. 22.
[72] - RAMAYANE, *op. cit.* p. 22.

se estará contribuindo para o fortalecimento do Direito Eleitoral, bem como da democracia, que é a mola mestra do Estado democrático de direito. Esse que é resultado da promulgação da Constituição Federal de 1988, pela Assembleia Constituinte, embora não estivesse reunida para esse fim específico, porém representa um grande avanço, da sociedade, no campo de suas conquistas democráticas, bem como dos direitos sociais, pois essa Carta Magna adotara a democracia e a dignidade da pessoa humana como seus valores fundamentais, bem como realizou previsões a curto, médio e longo prazo, mediante a criação de normas programáticas para fins de implantação de programas sociais, diversos, a serem alcançados pelo estado Brasileiro, isto é, o lançamento de novos ideais a serem alcançados, inaugurando a cada dia nova luta em pró desses novos interesses difusos e coletivos[73].

---

[73] - BARRETO, Alex Muniz. **Direito Constitucional**. 2ªed. São Paulo, SP:CL EDIJUR, 2011, p.31.

11. A natureza jurídica do voto

Figura 19 - Logo do sítio da Assembleia Legislativa de Sergipe.

Fonte: Imagem[74] do sítio Assembleia Legislativa de Sergipe[75].

Os atos e fatos jurídicos incidentes sobre os bens comuns e à sociedade, também chamados bens ulti universi, são bens e direitos difusos e coletivos que têm efeito erga omni, isto é, sua aplicabilidade é extensiva a todos os cidadãos, sem exceção. Esses bens, por sua vez, são *res publicae*, ou seja, são coisas públicas, portanto, têm natureza pública, logo, a criação de uma empresa estatal é um fato jurídico de direito público; a celebração do casamento civil é um ato jurídico de interesse privado e nesse sentido, tem-se, também, que os direitos do cidadão são direitos públicos subjetivos, portanto têm natureza pública, por isso alguns, deles, são direitos irrenunciáveis, tais quais, o direito à vida, à liberdade, ao

---

[74] - Disponível em: <https://al.se.leg.br/wp-content/uploads/2018/10/MARCA_O_VOTO-800x450.jpg> Acesso em: 27.abr.2021.
[75] - Disponível em:<https://al.se.leg.br/webserie-da-rede-alese-mostrou-historia-do-voto-no-brasil/> Acesso em: 27.abr.2021.

salário de natureza alimentar; assim, também o direito de voto do cidadão é um direito subjetivo de natureza pública; portanto, o voto é um direito público subjetivo do cidadão e se constitui em função social de soberania popular na democracia, logo, o infligimento de sanção em caso de abstenção do exercício do direito subjetivo de votar, faz com que esse ato, constitua-se em dever. Logo, dever de votar.

O cidadão brasileiro tem liberdade para votar no candidato que julgar competente para exercer o mandato eletivo, porém não pode abster-se de comparecer ao pleito eleitoral para fins de depositar, ali, o seu voto contendo o nome do seu candidato ou simplesmente uma cédula em branco; ainda que o voto seja por meio eletrônico, porque, em verdade, se está depositando ali um voto, analogamente à cédula de papel, há muito, deixada de ser utilizada para tal fim.

Embora, o sufrágio universal seja um direito público subjetivo do cidadão, o alistamento eleitoral é obrigatório, na forma da lei, destarte, o voto o é, como deflui da inteligência do artigo 14, § 1°, I, CF/1988, que assim prescreve: "O alistamento eleitoral e o voto são: obrigatórios para os maiores de dezoito anos;" o sufrágio universal, tal qual é conhecido, tem como principal característica a qualidade de ser irrestrito, pois nesse sentido se tem que ele inadmite restrições atinentes às condições financeiras do alistando ou à sua condição intelectual; todavia a universalidade, de fato, não é uma realidade, pois, embora, a lei busque de forma abrangente incluir todos os cidadãos no rol de eleitores, há algumas classes que não são contempladas, ou seja, alcançadas por essa universalidade, no âmbito eletivo, são elas: os conscritos não votam durante o período em que cumprem a prestação do serviço militar, os estrangeiros e tampouco os menores de dezesseis anos, portanto, resta inverídica a afirmação de que o sufrágio seja universal, haja vista o fato de que não contempla a todos os membros da sociedade.

A contrário, sensu, se tem o sufrágio em sentido restrito, isto é; essa forma de escolha dos representantes comporta, segundo o doutrinador Dr. José Afonso da Silva, limitações ao exercício do voto dada às múltiplas modalidades de sufrágio existentes, tais quais: o sufrágio capacitário que requer do alistando grau de instrução; o sufrágio censitário que é aquele que restringe o voto a determinadas pessoas mais aquinhoadas, isto é, aquelas que detêm fortuna. Nesse sentido, também, o Mestre Joel José Cândido leciona que há exceções aos sufrágio universal, e acrescenta, pois ele configura-se em sufrágio restrito, haja vista o fato de que impede algumas classes de avocar para si, esse direito de participar do processo eleitoral, quer de forma ativa ou passiva, isto é, votando e sendo votado, conforme preceitua o artigo 14, §2º e ss, da CF/1988, pois tal disposição legal aduz que não desfrutarão do sufrágio: os inalistáveis, os estrangeiros, os conscritos e os absolutamente incapazes, portanto, como dito, alhures, ao analisar-se o termo sufrágio universal, necessário é que se tenha em mente que o sufrágio refere-se à escolha eletiva, propriamente dita; e universal à universalidade de fato, declarando que todos igualmente participam do processo eleitoral, excetuando-se os impedidos na forma da lei.

Assim, da exposição do pensamento crítico dos mestres supracitados, deflui-se que o sufrágio universal é direito público subjetivo, de cujo exercício personalíssimo é reconhecido aos brasileiros que preencham as condições de idade, excluindo-se os absolutamente incapazes, como dito alhures; e os conscritos, portanto, enquanto direito dever ou poder dever, o sufrágio torna obrigatório o alistamento eleitoral e o voto, restando, destarte, o entendimento de que os direitos de cidadania adquirem-se mediante o alistamento eleitoral, na forma da lei; bem como o entendimento que além de direito público subjetivo, o voto exerce função social de soberania popular na democracia e um dever ao mesmo tempo[76].

---

[76] - RAMAYANE, *op. cit.,* p. 23.

12. Características do voto e os direitos de cidadania

Para fins de assegurar transparência ao processo eleitoral, o voto, no Brasil, possui as características de ser personalíssimo, isto é, personalidade do voto; isso quer dizer que o voto é ato próprio do eleitor, portanto, somente ele é quem pode votar, vetada a sua representação a qualquer título, pois somente ao titular desse direito cabe a prerrogativa de poder escolher seus representantes no processo eleitoral, por meio do sufrágio universal, mediante o voto por escrutínio secreto. Outra característica importante do voto é a liberdade que o cidadão tem de votar no candidato de sua escolha, podendo optar ainda por votar em branco, isto é, declinar de seu direito de escolha.

Figura 20 - Cidadania para todos

Fonte: Imagem[77] do Blog: Ana França[78].

---

[77] - Disponível em: <https://miro.medium.com/max/1400/1*ht4EpUtSM6E8eLahQ IXkkA.jpeg > Acesso em: 24.abr.2021.
[78] - Disponível em: <https://medium.com/@anafrana_47982/cidadania-e9b285ccb993> Acesso em: 24.abr.2021.

O voto ainda tem a importante característica de ser praticado por escrutínio secreto, ou seja, ele é protegido por sigilo ou diga-se ainda, segredo de voto, pois sendo de direito de natureza pública subjetiva, o eleitor, não necessita informar a terceiros o destinatário de seu voto, e como dito alhures, não é obrigado a votar em qualquer dos elegíveis que lhe são sugeridos, pois votar em branco ou, ainda, anular seu voto, bastando para isso que aperte a tecla correspondente, na urna eletrônica; se por meio de cédula de papel pode abster-se de anotar o número do candidato para votar em branco, ou ainda votar em mais de um candidato para, desse modo, anular o voto, enfim é o respeito à prática do direito subjetivo, ou seja, o respeito à vontade individual de cada cidadão em escolher ou não os candidatos que irão governar direta ou indiretamente o país.

Ante o exposto, deflui-se que o voto eleitoral, no Brasil, é personalíssimo e sua prática é livre; porém para que o indivíduo possa exercer o seu direito de voto é necessário que ele esteja de posse dos seus direitos civis e políticos, devendo, portanto, previamente, alistar-se na zona eleitoral para fins de integrar o rol de cidadãos votantes e consequentemente obter seu título de eleitor necessário para a prática do ato, aliás, documento que o identifica ante a Justiça Eleitoral. Como dito, alhures, a posse dos direitos civil e políticos são pressupostos para a prática de atos inerentes ao processo eleitoral, nesse sentido o insigne doutrinador Dr. Marcos Ramayane, assim aduz:

> Direito político é direito público subjetivo, em razão do objeto ou do bem

tutelado pela ordem jurídica que lhes confere a natureza pública[79].

Segundo esse doutrinador, resta de forma inequívoca a subjetividade dos cidadãos, mormente o voto eleitoral, todavia, este adjetivo – cidadão - está diretamente ligado à nacionalidade, portanto, detém o status de cidadão, somente os nacionais, ou seja, os brasileiros natos, destarte, os direitos de cidadania são adquiridos mediante o alistamento eleitoral, na forma da lei[80]. A liberdade tal qual a personalidade do voto são importantes características deste instrumento de transformação e evolução social, pois com liberdade o indivíduo realizar-se de forma plena com a possibilidade de ser útil ao seu próximo, fazendo-o feliz, tal qual os gregos, cuja felicidade consistia em fazer o seu próximo feliz; com personalidade o indivíduo tem como se mostrar em sua unidade, indissolúvel mediante representação, bem como a sua pessoalidade para atos, ditos, personalíssimos, permitindo, assim, que demonstre de forma inequívoca a sua vontade.

---

[79] - RAMAYANE, op. cit., p. 84.
[80] - Ibid., p. 85.

Capítulo III

DISSONÂNCIAS DOUTRINÁRIAS MOR-MENTE O VOTO FACULTATIVO

1. Exposição de motivos ao voto obrigatório

Capítulo III

DISSONÂNCIAS DOUTRINÁRIAS MOR-MENTE O VOTO FACULTATIVO

1. Exposição de motivos ao voto obrigatório

A compulsoriedade do voto, a despeito de haver correntes doutrinárias que indo de encontro aos seus postulados, mantêm-se firmes em seu intento que é garantir o quorum sempre crescente, de eleitores no processo eleitoral, para fins de impedir que abdiquem injustamente desse direito de exercerem a sua cidadania mormente as instituições governamentais, mediante o seu maciço comparecimento ao pleito eleitoral e a livre escolha de seus representantes para as esferas dos governos: Federal, Estaduais e Municipais.

Figura 21 - Thamires Lima, modelo publicitário pela Agência Just Models, São Paulo-SP, Brasil.

Fonte: Imagem de Gabriela Rosa Coelho[81]

[81] - Disponível em:
<https://pixabay.com/pt/users/gabyrcphotos-27120226/?

Embora o voto compulsório esteja fincado na esteira política do país há quase um século, e o fato de poder dizer, que ele, é uma instituição tradicional do país; e que, portanto, faz parte da cultura brasileira; não tem se constituído óbice às correntes doutrinárias que vão de encontro a essa compulsoriedade, principalmente porque o assunto em comento tem servido de amplas discussões no Congresso Nacional e também pela opinião pública, a fim de suplantá-lo, e esse embate tem sido retomado com ênfase, em épocas posteriores ao pleito eleitoral, em virtude do crescente aumento dos votos "brancos" e "nulos"; assevera o pesquisador Paulo Henrique Soares.

O Brasil tem a compulsoriedade do voto como bem integrante de sua tradição, essa, que se iniciara com promulgação do Código Eleitoral de 1932 e embora os contrários a esse entendimento tenham, em detrimento do voto compulsório, travado acirrados embates nos trabalhos da Assembleia constituinte de 1988; pugnou-se pelo entendimento de que como o voto eleitoral reporta-se a assuntos de Soberania Nacional, nesse aspecto, o Estado é tutor da consciência coletiva, estando, portanto, legitimado a requerer o alistamento e o comparecimento dos cidadãos ao pleito eleitoral obrigando-os, de fato, a exercerem suas cidadanias. Nesse contexto, o Estado impõe a sua vontade em detrimento da subjetividade do cidadão; pois é a supremacia do interesse público sobre o interesse privado; assim, inobstante o fato de que nossa Carta Constitucional, e também a de vários países,

_____

utm_source=link-attribution&utm_medium=referral&utm_campaign=image&utm_content=7207567> Acesso em: 02.mai.2022.

consagre a supremacia do povo sobre o Estado posto que o povo é o Soberano, pois, Dele é que emana o poder, portando, somente o povo é Soberano, pois, outorga poderes de soberania ao Estado[82].

O voto compulsório tem sua razão de ser não só em virtude da notória tradição que goza esse instituto, mas também, porque é um elo que une a sociedade em pró dos interesses de soberania nacional, pois decidem o destino do país através do voto além de ser um fator de educação política do eleito, dentre outros, quais sejam: o voto é um poder dever e como tal   constitui-se em um dever, propriamente dito, essa característica do dever não tem o condão de significância mormente a coerção do cidadão à prática do voto, porque o espírito da literalidade da lei, nesse caso, tem o condão de demonstrar que a essência desse dever não está na coercitividade, mas sim, na ideia de responsabilidade que cada cidadão tem para com a coletividade, mormente à escolha dos seus mandatários. Nesse sentido, tecendo considerações sobre a natureza jurídica do voto, assim leciona Nelson de Souza Sampaio:

> Do exposto, conclui-se que o voto tem, primordialmente, o caráter de uma função pública. Como componente do órgão eleitoral, o eleitor concorre para compor outros órgãos do Estado também criados pela constituição. Em geral, porém, as constituições têm deixado o exercício da função de votar a critério do eleitor, não estabelecendo sanções para os que se omitem. Nessa hipótese, as

[82] - SOARES, op. cit., p. 2.

normas jurídicas sobre o voto pertenceriam à categoria das normas imperfeitas, o que redundaria em fazer do sufrágio simples dever cívico ou moral. Somente quando se torna obrigatório, o voto assumiria verdadeiro caráter de dever jurídico. Tal obrigatoriedade foi estabelecida por alguns países, menos pelos argumentos sobre a natureza do voto do que pelo fato da abstenção de muitos eleitores, – fato prenhe de consequências políticas, inclusive no sentido de desvirtuar o sistema democrático. Nos pleitos eleitorais com alta percentagem de abstenção, a minoria do eleitorado poderia formar os órgãos dirigentes do Estado, ou seja, Governo e Parlamento.

(Eleições e Sistemas Eleitorais, in Revista de Jurisprudência – Arquivos do Tribunal de Alçada do Rio de Janeiro, Rio de Janeiro, 1º trimestre de 1981, p. 66) 4 b) a maioria dos eleitores participa do processo eleitoral[83].

Embora se tenha uma má impressão do brasileiro consoante os assuntos eleitorais, é refutável a assertiva de que o povo brasileiro não é politizado, no entanto essa politização se evidencia no fato de que, a maioria dos eleitores participam do processo eleitoral, alguns passivamente – sendo votados, e outros ativamente – elegendo representantes; desse modo, resta inequívoca

---

[83] - SOARES, *op. cit.*, p. 2.

politização que se manifesta na maciça participação, da sociedade, no processo eleitoral. Dessarte, não há falar-se em ilegitimidade de participação no processo eletivo em virtude da compulsoriedade do voto, porque o pleito em que a maioria dos eleitores vota é de legitimidade inconteste e insuscetível de alegação posterior, qual seja, a de que o resultado eleitoral não corresponde à vontade dos eleitores. Nas democracias ainda não consolidadas, plenamente, tal qual a brasileira, há uma clivagem, ou seja, uma forte tendência, por parte da sociedade, em abster-se de seu compromisso eleitoral o que facilmente contribui para uma instabilidade político-eleitoral, além do que o baixo quórum eleitoral, comprometeria, ainda mais, a credibilidade das instituições políticas nacionais, ante a sociedade.

Figura 22 - O cidadão e o direito ao espaço.

Fonte: Imagem[84] do Blog: Ana França[85].

Em decorrência da característica educacional que o sistema legislativo, político, impõe à sociedade, está, dentre outros, o voto eleitoral como fator de contribuição

---

[84] - Disponível em: <1*59T3-rvPz5GFmb7ODwja-g.jpeg (630×577) (medium.com)> Acesso em: 24.abr.2021.
[85] - Disponível em: <https://medium.com/@anafrana_47982/cidadania-e9b285ccb993> Acesso em: 24.abr.2021.

para a educação   política do eleitor; posto que sua participação no processo eletivo, reiteradas vezes, torna-o eleitor assíduo e contribui para a sua politização, nesse caso, vindo a influir diretamente no destino da sociedade a qual pertence, bem como da administração das instituições governamentais, *res publicae*, tal qual a administração pública, pois através do voto, o eleitor sugere as modificações e as reais necessidades da coletividade; contudo a sua omissão à prática desse direito soberano, prejudica o crescimento político do país, bem como, acentua ainda mais o atraso sócio econômico das áreas pobres do país, todavia, a constante participação direta no pleito eleitoral, leva a discussão política a todos os lugares, inclusive, para dentro dos lares, permitindo às crianças, de hoje, lançarem um olhar sobre o voto eleitoral e o que representa para eles, pois esses serão os ávidos eleitores do amanhã.

A compulsoriedade do voto, desde a sua instituição há quase um século, tem tido ampla aceitação pela sociedade em virtude do lento processo histórico cultural a que está submetido o país, sendo relevante considerar que por quatro séculos o povo, enquanto sociedade, fora, literalmente excluído do processo eleitoral em detrimento de pouco mais de um século da instituição da República, portanto, o povo brasileiro, ainda que potencialmente politizado, não possui maturidade e consciência política suficientes a permitir-lhe avocar para si o direito de cidadania para fins de manifestar sua vontade subjetiva, mormente aos assuntos de Estado, como o é, o processo eleitoral; portanto, resta a República como principal forma de governo já querida por todos os povos, desde os tempos mais remotos, porém não se pode olvidar que, no Brasil, essa forma de governo ainda é prematura, o que inviabiliza a extensão dos direitos subjetivos dos cidadãos em face do complexo sistema de soberania nacional, a saber: o sistema eleitoral e o voto, de quem é derivado.

Portanto, a democracia brasileira dada a sua prematuridade, inviabiliza a faculdade de comparecimento ao pleito eleitoral, bem como de voto; principalmente pela má distribuição de renda, notadamente, expressada nos índices de abstenções no processo eleitoral, pois a maioria que com assiduidade comparece ao pleito eleitoral, é formada de pessoas que não conhecem os seus direitos civis e políticos, então, nessas circunstâncias, o voto constitui-se em um forte instrumento para que essa coletividade de cidadãos, socialmente excluídas do processo de aquisição dos bens da vida, possam manifestar sua vontade política. A contrário sensu, a liberalidade, isto é, a faculdade de votar, bem como, o comparecimento facultativo ao pleito eleitoral, daqueles eleitores com maior nível de escolaridade, que são, em sua maioria, formadores de opinião, e têm melhores condições financeiras, certamente, abster-se-iam de votar; então, nesse caso; a maioria, formada por aqueles cidadãos de baixa instrução escolar e com baixa renda seriam, facilmente, alvejados pelos candidatos com natureza clientelista, isto é, aquele que tem votos cativos, em virtude do fornecimento de bens e serviços em troca de votos; prática, essa, refutada pela justiça eleitoral, pois essa captação de votos é vulgarmente conhecida como voto de cabresto, o que certamente contribuiria para o enfraquecimento político do país, bem como comprometeria o processo eleitoral na sua essência, qual seja, a boa escolha da governança nacional.

Como dito alhures, o Brasil tem tradição no exercício do voto, de forma compulsória e isso, ao contrário do que se prega, não tem causado males ou outro problema à democracia, tampouco aos cidadãos brasileiros, por isso, é de bom alvitre notar que os países Latino-Americanos são tradicionais na utilização compulsória do voto eleitoral, nessa prática, destacam-se os países da América do Sul, que adotam o voto compulsório desde a instituição do voto direto, secreto e universal, de igual modo o Brasil mantêm essa tradição desde os primórdios, 1932, com a promulgação do Código Eleitoral e, portanto, reitera que essa compulsoriedade não tem causado males à democracia e tampouco à sociedade brasileira.

Dessarte, o voto eleitoral, exercido de forma compulsória não constitui ônus para o país no sentido de que cidadãos se sintam constrangidos a exercerem sua cidadania, mormente o voto eleitoral, pois, se há constrangimento pelo receio em abster-se dessa prática, esse, é ínfimo se comparado às benesses que oferece ao sistema processual eleitoral, além do que, a sociedade nunca se insurgira contra esse sistema de voto; o que leva à percepção de que o sistema eleitoral compulsório não causa, ao cidadão eleitor, qualquer surpresa ou mesmo, sentimento de opressão pelo Estado devido ao fato de que a sociedade assimilara de forma positiva essa forma de voto, por isso, não lhe causa estranheza o fato de que tem o dever de exercer o seu direito de cidadania, através do voto.

Ademais, na mais remota possibilidade de que o voto deixasse de ser compulsório no Brasil, essa prática hipotética, traria um aumento, insignificante, da liberdade subjetiva do cidadão; todavia, ocasionaria uma significativa diminuição no nível dos cidadãos participantes do processo eleitoral, sem contar o baixo quórum que se apresentaria no pleito eleitoral; seria a supremacia do interesse privado em detrimento da supremacia do interesse público[86].

---

[86] - SOARES, *op. cit.*, p. 5.

2. Exposição de motivos ao voto facultativo

Figura 23 - Thamires Lima, modelo publicitário pela Agência Just Models, São Paulo-SP, Brasil.

A apologia ao voto facultativo tem sua origem no fato de que o povo é quem detém o poder soberano, logo, por ser outorgante desse poder ao Estado, como dito alhures, ente dotado de gerais e ilimitados poderes representativos em todas as esferas sociais mediante a imposição de normas, oriundas de princípios fundamentais que regeram a vida em sociedade, de cujo escopo, espera-se, o de alcançar o bem comum, isto é, o bem-estar social.

Fonte: Imagem de Gabriela Rosa Coelho[87] por Pixabay[88].

---

[87] - Disponível em: <https://pixabay.com/pt/users/gabyrcphotos-27120226/?utm_source=link-attribution&utm_medium=referral&utm_campaign=image&utm_content=7207561> Acesso em 22.mai.2022.
[88] - Disponível em: <https://pixabay.com/pt/> Acesso em: 22.mai.2022.

Desse modo, impende asseverar que como o Estado é quem recebe poderes, mediante outorga do povo, legitimando desse modo, suas ações pró societas; ambíguo é o fato jurídico que esse ente, de forma coercitiva, impõe aos cidadãos sob a alegação do exercício da cidadania, que é o voto eleitoral.

Destarte a participação ativa no processo eleitoral, na prática, não deflui da vontade subjetiva de todos os eleitores, conforme se depreende de recente pesquisa realizada pelo Datafolha[89] em que verificou-se que cerca de 52,0% dos eleitores consultados, em dez importantes Estados brasileiros, afirmaram que se o voto não fosse obrigatório não compareceriam ao pleito; quando inquiridos sobre a manutenção do voto obrigatório, considerando-se o seu nível mediano de instrução, 57,0% daqueles que têm somente o primeiro grau concordaram que o voto deve mesmo ser obrigatório; porém daqueles que têm nível superior, 27,0% concordam com a mantença do voto compulsório, ao passo que 72,0%, desses discordam da compulsoriedade do voto, em preferência ao voto facultativo.

Dessarte, muitas são as justificativas para que o ato de votar não seja uma obrigação em decorrência de imposição jurídica, assim, é de bom alvitre notar que a apologia que se faz ao voto facultativo, deriva do fato, justificável, de que a adoção do voto livre decorre do fato de que o sufrágio é um direito subjetivo e abstrato, que, no entanto, se materializa com o voto; logo, a imposição ao seu exercício é incompatível com a sua natureza

---

[89] - SOARES, *op. cit.*, p. 14.

jurídica – direito subjetivo de votar. Assim, a imposição coercitiva do Estado ao exercício do voto, suprime a soberania popular em detrimento dos outorgantes desse poder, o que vem afastar o povo do real significado do voto que é a sua participação no processo eleitoral para fins de ver-se participando na gerência dos negócios públicos escolhendo, diretamente, aquele que julga, seja melhor representante dos interesses da coletividade a qual pertence.

Nesse sentido, o Deputado Geraldo Magela, na Câmara dos Deputados, em apologia ao voto facultativo, assim se pronunciara: *"O ato de votar é tão democrático que, pela própria essência da democracia, deve ser um direito e não uma imposição ou dever"*; no seu discurso em defesa do direito subjetivo de exercer ou não o direito de voto, o Deputado apologeticamente enfatiza que o eleitor deve votar conscientemente, isto é, tem que querer participar do processo eleitoral, tendo em mente que essa participação contribuirá com o crescimento político do país, bem como, aumentará as chances de se eleger, em cada pleito, melhores governantes, isto é candidatos mais bem preparados e que realmente se interessem pelos assuntos públicos, isto posto, defende ainda que o eleitor deve votar não por medo de lhe ser infligido alguma sanção, mas sim, pelo fato de que é livre para exercer o seu direito de votar, bem como, exercer o seu direito de comparecer ou não ao pleito eleitoral.

Por fim, conclui que nos países aonde o voto facultativo já fora adotado, os direitos subjetivos do povo são mais respeitados e a democracia é mais forte; enfatiza que a faculdade de votar leva a uma maior interação entre os eleitores ativo e passivo, ou seja, entre o eleitor e o candidato a cargo eletivo, em virtude da liberdade de voto que lhe assiste, portanto, ao decidir em quem votar, o faz com maior responsabilidade, posto que nesse momento é um agente político de fato e não mero eleitor que vota por simples obrigação.

Reitera, ainda, que, sendo livre para escolher, o eleitor participará ativamente da vida política do país e só assim, contribuirá para a construção da democracia, de fato, em uma Nação que tornar-se-á mais forte dada a plena participação da sociedade no processo eleitoral em virtude da conscientização dos cidadãos de que votar é um direito subjetivo que lhe assiste, e não uma obrigação de fazer; que lhe é imposta[90].

No tocante à capacidade eleitoral ativa, se tem que é uma *facultas agendi*, ou seja, é manifestação de vontade que se integra na esfera jurídica de todo cidadão, portanto, é oriundo da cidadania, assim, todo e qualquer direito, inclusive o direito de votar é um direito cívico, isto é, é o poder de fazer algo. Destarte, o ato de votar expõe o manifesto direito de preferência do eleitor quanto ao candidato que julga   estar preparado para exercer o cargo para o qual se candidatara, ou, em juízo crítico omite-se tal manifestação. Assim, o voto cria direito e não obrigação[91].

---

[90] - Magela, Geraldo. Deputado Federal PT/DF e defensor do voto facultativo APUD SOARES, *op. cit.*, p. 5.
[91] - NASCIMENTO, Tupinambá Miguel Castro, **Considerações sobre o voto facultativo,** Revista do TER/RS, Porto Alegre.v.5, n, 10 jan/jun. 2000.

Nesse condão, o eminente doutrinador Dr. Celso Antônio Bandeira de Mello, em defesa do voto facultativo, assim leciona:

> O eleitor que precisa ser ameaçado de sanções para votar, ou arrastado à urna pelos candidatos, dada a falta de interesse em fazê-lo espontaneamente, demonstra de modo evidente que não valoriza o próprio voto e que não possui consciência alguma de sua importância[92].

Em seu entendimento, Mello, considera que a compulsoriedade do voto favorece a utilização do poder econômico como instrumento a ser usado como recursos ao processo eleitoral, para fins de proporcionar ao seu usuário melhores condições de êxito em sua empreitada que é, manter-se no poder mediante o aliciamento de eleitores em benefício próprio.

Ainda nesse condão, leciona que o voto compulsório favorece a eleição de oportunistas e demagogos, bem como, o eleitor que é coagido a exercer o ato de votar, o faz por imposição, assim, sente-se desobrigado de compreender o real significado do voto, esse exercício de cidadania, desse modo, na maioria das vezes, vota no candidato que esteja em evidência, não se importando que seu voto seja o resultado da manifestação política de seu exercício de cidadania[93].

[92] - SOARES, *op. cit.*, p. 5.
[93]-MELLO, Celso Antônio Bandeira de, **Representativos e Democracia**. In: Rocha, Carmem Lúcia Antunes: Veloso,

Assim, conclui que a compulsoriedade do voto deteriora o processo eleitoral em sua essência, haja vista o fato de que não contribui para melhor formação e aumento de vontade política do eleitor, bem como, não permite, a contento, o aumento da capacitação e qualificação política dos candidatos eleitos[94].

O exercício do voto, oriundo de obrigação jurídica, mediante imposição do Estado, perde a sua natureza subjetiva e transforma-se em fato jurídico havido pelo medo da sanção que sua abstenção lhe inflige; assim, o respeito à subjetividade do cidadão, mormente, o voto, no processo eleitoral; liberta-o do medo que a imposição lhe imprime e assim, de novo, pode dizer, tal qual Tomas Hobbes - " ... porque a esperança venceu o medo" - referindo-se ao fictício estado de natureza, quando os homens trocaram a incerteza da autotutela, pela esperança de vida, dada a proteção do Estado. De igual modo, é possível que o voto facultativo liberte a sociedade de seus temores, mormente a perpetuação de maus representantes no poder; ao ter na subjetividade, a esperança de que a liberdade para participar do processo eleitoral determinará o crescimento político de cada cidadão, habilitando-o a melhor contribuir para o efetivo gerenciamento, harmônico, das instituições governamentais.

–Há abastada esteira de argumentos que demonstram que a faculdade de votar é um dos pilares importantes no Direito, que deve ser erigido, para fins de permitir, com

---

Carlos Mario da Silva. **Direito Eleitoral**. Belo Horizonte, MG, Del Rey, 1996.
[94] - MELLO, *op. cit.*, p. 43.

isso, a consolidação da democracia no Brasil, por isso preconiza que: o voto é um direito e não um dever; pois a faculdade de votar implica a liberdade de expressão, oriunda da plena aplicação do Direito, identificando-se, antes, como direito subjetivo do cidadão, do que um dever cívico, portanto, para que possa ser exercido de forma plena, necessário é que essa subjetividade permita ao eleitor tomar a sua decisão quanto a votar conforme sua consciência diz; bem como; exercer a liberdade de abster-se desse ato sem que sofra qualquer constrangimento ou sanção, por parte do Estado.

Relevante comparativo, mormente o voto facultativo, merece ser ponderado haja vista o fato de que é adotado por países desenvolvidos e de tradição democrática, assim, os países praticantes da democracia representativa constituem Estados consolidados democraticamente e o fato de que não obrigam seus cidadãos a comparecem ao pleito eleitoral, não fragilizam o seu Estado, pois, não há país desenvolvido e politicamente correto que imponha o voto compulsório, assim, deflui-se do exposto que a liberdade do exercício de voto contribui diretamente para a formação político-social do cidadão[95].

Destarte, a busca da definição da verdade eleitoral, permite, ao observador, perceber a qualidade do processo eletivo, bem como, pela participação de eleitores conscientes, ou seja, politizados; que são os defensores do voto facultativo que creem que esse voto, quando praticado livremente tem o condão de melhorar a

---

[95] - SOARES, *op. cit.,* p. 7.

qualidade do pleito devido à melhora na qualidade dos eleitores, posto que, em sua maioria, são eleitores mais conscientes e motivados.

A prática do voto facultativo, embora não impeça que em algumas áreas pobres do país se pontue a incidência do chamado "voto de cabresto"[96], tem o condão de reduzir a baixos níveis os chamados votos nulos e brancos, denotando corpo eleitoral motivado pela proposta apresentada pelos partidos ou candidatos.

Analogamente às eleições Norte Americanas aonde há a prática do voto facultativo, as últimas eleições contaram com quórum médio de 50,0% dos eleitores em pleno exercício de sua cidadania; assim, no Brasil, considerando-se os dados relativos às últimas eleições presidenciais, em virtude da soma das abstenções e dos votos brancos e nulos, em grande parte decorrente de erro material no ato de votar, chega-se também ao quórum médio de 50,0%, dados similares aos do país supracitado adotante do sistema no qual o voto é facultativo.

Assim, se o voto for compulsório, o cidadão ao comparecer ao pleito eleitoral, o faz, tão somente para fugir das sanções a ele impostas, desse modo, não estará exercendo seu direito de forma consciente e isso o leva a votar no primeiro nome que vier à mente, acaso não tenha escolhido, previamente, seu candidato, além do que esse é o momento ideal para que aliciadores lhes sugira, seus candidatos, levando-o a votar naquele que é desconhecido ou, até mesmo, levando-o a votar em branco ou a anular o seu voto.

---

[96] - SOARES, *op. cit.*, p. 7.

A crença de que a faculdade do voto diminuirá o quórum ao pleito eleitoral é um mito, pois tal crença se dá em virtude da tentativa de desestimular a sociedade a querer um sistema eleitoral que, de fato, reflita seus interesses políticos, pois assim somente participaria do processo eleitoral, como dito alhures, aqueles que têm consciência política – os politizados; porém, aqueles que pensam serem apolíticos estariam livres para abster-se dessa prática instituída pela lei. Assim, qualquer situação, que não a manifestação do voto de forma a respeitar a subjetividade do eleitor, deturpa o sentido de sua participação no processo eleitoral, pois o fato dele ir à seção eleitoral traduz seu interesse nas propostas dos candidatos e de seus partidos políticos.

Destarte, acreditar que outros meios, que não o facultativo, de se obter considerável quórum ao pleito eleitoral, segundo Paulo Henrique Soares, é uma "ilusão", pois crê que o cidadão brasileiro ao exercitar o voto de forma livre não o estará praticando de forma consciente, ou até mesmo não terá interesse em praticá-lo, não condiz com a realidade brasileira, pois essa crença cria a ilusão de que a faculdade do ato de votar não gera cidadãos politicamente evoluídos, o que é refutado pelos vários movimentos em pró do voto facultativo dos quais participam importantes organizações, dentre elas a OAB/SP, que defende a elaboração de plebiscito sobre o voto facultativo[97], inclusive mediante projeto de lei que tramita no Congresso Nacional, com o fito da adoção do

---

[97] - <http://www.jusbrasil.com.br/topicos/2691430/se-e-ordem-nao-e-facultativo>– noticiado em 31 mai. de 2010; acesso em 20 nov. de 2012, 12h00min.

sistema facultativo de voto.

Portanto, a adoção do sistema facultativo de voto propiciará ao cidadão o pleno exercício de sua cidadania, bem como, contribuirá para que os candidatos a cargo eletivo, na pessoa de seus partidos políticos, melhor se empenhem em demonstrar, de forma clara e concisa, seus planos de governo, buscando assim, formar o convencimento do cidadão para comparecer ao pleito em defesa de suas propostas, vencendo, sem dúvida, aquele que melhor demonstrar estar apto a exercer o cargo pleiteado.

O crescente movimento em pró do voto facultativo, no país, revela o interesse e capacidade política que o brasileiro tem de entender que ele não está exercendo sua cidadania livremente, porque o ato de se lhe infligir sanção, em caso de abstenção dessa prática de cidadania, demonstra de forma cristalina que ele não tem opção, isto é, deverá comparecer ao pleito independentemente de sua vontade. Ademais, recentes notícias demonstram que o brasil não está contente com o atual sistema eleitoral e busca as mudanças necessárias, tal qual o noticiado pela Folha de São Paulo, sob o título "Voto obrigatório divide o país"[98], que tem importante afirmação do professor David Fleischer ao refutar a ideia de outro voto, que não o facultativo, em apologia à faculdade de voto, assim declara:

Se não fosse obrigação, o voto seria mais pensado. Hoje em dia, o cidadão que vai às urnas acaba votando em uma pessoa

---

98 - <http://www.fabiocampana.com.br/2010/05/voto-obrigatorio-divide-o-pais/> -noticiado em 29 mai de 2010; acesso em 20 nov de 2012, 12h20min.

cujas propostas nem conhece. Só vota porque é um dever, e não porque pensou naquele voto[99].

Portanto, embora o tema, ainda seja muito polêmico, é inequívoca a assertiva de que refutar ou mesmo tratar com descaso a ideia premente de que o sistema eleitoral, no Brasil, precisa mudar, é contribuir para a mantença do atual sistema legal, mormente o voto eleitoral pelo fato de que, esse, está insculpido na Carta Política do país de modo que somente a reflexão poderá levar à introspecção individual do cidadão, que de forma conjunta e coordenada, em sociedade, através de movimentos em pró do exercício do direito subjetivo, é que se obterá as mudanças constitucionais necessárias, que permitirá a todos, serem realmente livres.

Corrobora com esse entendimento o ex-Senador Jutahy Magalhães, que em brilhante pronunciamento no Senado Federal, em manifesta apologia ao voto facultativo, assim declara:

> Voto é direito. Exercita-o o cidadão consciente e discernido. O eleitor, ao participar do processo democrático, exerce um ato de liberdade. Se quiser protestar, protestará votando bem[100].

---

[99] - David Fleischer, professor emérito de ciência política da Universidade de Brasília, DF.
[100] - SOARES, *op. cit.*, p. 12.

Figura 24 - Thêmis, a Constituição Brasileira e Thamires Lima - modelo publicitário.

Fonte: Compilação do autor. Imagem[101] do Blog: Ana França[102], Jus Navigandi[103] e gabyrcphotos[104] por Pixabay[105].

---

[101] - Disponível em: <1*59T3-rvPz5GFmb7ODwja-g.jpeg (630×577) (medium.com)> Acesso em: 24.abr.2021.
[102] - Disponível em: <https://medium.com/@anafrana_47982/cidadania-e9b285ccb993> Acesso em: 24.abr.2021.
[103] - Disponível em: <https://jus.com.br/artigos/48436/a-origem-da-themis> Acesso em: 22.mai.2022.
[104] - Disponível em: <https://pixabay.com/pt/users/gabyrcphotos-27120226/?utm_source=link-attribution&utm_medium=referral&utm_campaign=image&utm_content=7207561> Acesso em 22.mai.2022.
[105] - Disponível em: <https://pixabay.com/pt/> Acesso em: 22.mai.2022.

Conclusão

CONCLUSÃO

*E*stado Democrático de direito pressupõe a liberdade que os membros da nação brasileira possuem em portar-se, na sociedade, respeitada a sua individualidade manifesta inequivocamente em todos os atos jurídicos praticados, observando seus direitos e deveres entabulados na Carta Magna e Leis infraconstitucionais agindo na coletividade com urbanidade, nos limites impostos pelo Direito, porque "o direito de um termina onde começa o do outro"; e os indivíduos que constituem essa nação exercem sua liberdade de forma plena, em seus cotidianos; por isso tem-se na etimologia da palavra "Democracia", o produto da junção de duas palavras gregas: Demo= Povo e Cracia= Poder; logo, a expressão "Poder do Povo".

Figura 25 - Imagem do Autor by Muramatsu, Eduarda Namie , Mogi das Cruzes-SP, Brasil, Outono/2022.

Fonte: Imagem de **MURAMATSU**, Eduarda Namie by GabrielaRosa Coelho[106]

---

[106] - Disponível em:
<https://pixabay.com/pt/users/gabyrcphotos-27120226/?

Esse povo faz mostras desse poder, principalmente no evento do sufrágio, agora, universal quando ele na pessoa dos seus cidadãos, maciçamente, comparece ao pleito eleitoral para fins de outorgar poderes àqueles, elegíveis, que o representará exercendo mandato de quatro anos nas esferas dos governos: Federal, Estaduais e Municipais; isso bem o faz em troca do pleno amparo social; bem como, da proteção à vida e à dignidade da pessoa humana, nisso compreendida a devida proteção contra aqueles que vivem à margem da lei praticando atos de conduta reprovados, tanto pelo Direito Natural, quanto pelo Direito Positivo, dado a norma de conduta social fixada por esse ente abstrato, a saber: O Estado.

O povo brasileiro ao exclamar: "Vivemos num Estado Democrático de direito! " está dizendo que tem o direito de ser assistido pelo Estado, na solução dos conflitos sociais, havidos cotidianamente, em todas as áreas do Direito, bem como; o direito ao acesso à justiça em todos os graus de jurisdição, podendo praticar, publicamente, todos, e quaisquer, atos processuais previstos no Direito processual objetivando a resilição da lide em que seja parte, podendo ser autor ou réu na demanda; tendo como pilares que bem servem à consecução da justiça, quais sejam: o direito à ampla defesa e ao contraditório; bem como tem o direito de ser processado e julgado, senão por autoridade jurisdicional competente, respeitados seus direitos bem delineados na Carta Magna, a saber: a Constituição da República Federativa do Brasil,

---

utm_source=link-attribution&utm_medium=referral&utm_campaign=image&utm_content=7208530> Acesso em: 21.mai.2022.

promulgada em 05 de outubro de 1988.

A Carta Política em comento traz, em seu bojo, o anseio popular, há muito, querido pelo povo, consistindo na liberdade plena para a prática de seus atos, aonde ninguém é obrigado a fazer ou deixar de fazer alguma coisa senão em virtude de lei, conforme prescreve o artigo 5º, II, CF/1988. Ademais, pelas garantias que esses populares, ao longo da história, como dito alhures, em diferentes épocas se insurgiram contra o sistema político em reivindicação ao seu direito subjetivo de expressar-se, de viver em sociedade, bem como, de participar da gerência do Estado, por meio de suas instituições, quer seja por mandato eletivo, por cargo, emprego ou função pública, enfim, é a sociedade sincronizada com o Ente Estatal, demonstrando que, de fato, é ele, o povo, quem detém a soberania, sendo, portanto, o Soberano, posto que é o destinatário das benesses conquistadas ao longo do tempo; e não o Estado, na pessoa de seus governantes.

Assim, é de bom alvitre notar que a promulgação da Carta Magna de 1988, aquela chamada de constituição cidadã, que tratara de enaltecer o Estado Democrático de direito, evidenciando o fato de que todos são iguais em direitos e obrigações, perante a lei, sem distinção de qualquer natureza, conforme prega o art. 5º "Caput", da CF/88. Trata ainda dos direitos sociais, tema de abrangência tal, que revela a preocupação que Estado tem em permitir aos cidadãos, a elevação das condições de sobrevivência, garantindo-lhe entre outras coisas, o direito a viver com dignidade, portanto, essa importante melhoria nas condições sociais demonstra o resultado de incessantes lutas por um mundo, um país, melhor e isso somente acontecera em 1988 com a promulgação da, excelsa, Carta Magna, que pelos benefícios sociais, por ela, concedidos, mediante a conquista do povo brasileiro, ao longo dos tempos reflete o espírito das leis nela contidas, como diz Rousseau em sua obra "O espírito das leis" - *L'Esprit des lois, publicada em 1748,* - que a lei não deve ser conhecida somente na sua literalidade, mas tem-se que olhar para o seu real significado e propósito, para que se possa agir com justiça e equidade, ao pugnar pelo interesse coletivo; razão de ser da República. Assim, com este sentimento de enaltecimento das virtudes, principalmente, mormente ao respeito ao próximo, ao cidadão, tem-se a elevação das virtudes, porém, não a virtude moral, patriótica, mas a virtude política, que segundo ele, é a mola que move o governo republicano.

Como dito, alhures, com a chegada, na idade moderna, do iluminismo, houve a busca incessante pela libertação do povo, enquanto membro da sociedade, dos grilhões que por milhares de anos o prendia, impedindo-o de pensar, de agir voluntariamente em benefício próprio, enfim de agir como realmente é, ser humano livre. O iluminismo enaltece a razão a ponto de refutar toda afirmação, pronunciada, desprovida de fundamentação científica e esse comportamento permitira o crescimento das ciências e seu, notório, progresso em virtude das novas áreas do conhecimento humano que, de época em época, vinham sendo agregadas às já numerosas áreas do saber.

–Por fim, como parte do sistema evolutivo, do qual faz parte todas as áreas do saber, tem-se também o campo das ciências jurídicas que, também, em constante evolução chega ao seu apogeu, qual seja: o reconhecimento dos direitos subjetivos do cidadão, direitos esses, que são ínsitos do sistema republicano, dada a existência do Estado democrático de direito no qual vive a sociedade brasileira. A democracia pressupõe liberdade; porém, para que o cidadão brasileiro seja livre, de fato, necessária, se faz, a sua libertação da compulsoriedade do voto, pois, dizer que o cidadão brasileiro é livre e exerce a sua liberdade de forma plena, é um discurso ambíguo, porque, por um lado, a Carta Política diz que o cidadão é livre para votar no candidato que pensa ser a melhor opção para a governança do país, naquele momento, portanto, tem direito de votar; porém, em outro momento diz que esse mesmo cidadão não pode abster-se de comparecer ao pleito, para ali, participar do sufrágio universal, ainda que anule seu voto, ademais pelo fato de que acaso se furte a comparecer ao pleito eleitoral lhe é infligido sanção, por isso, ambígua é a afirmação de que o cidadão brasileiro é, plenamente, livre.

Para que o brasileiro possa, de fato, exercer a sua liberdade, necessário é a garantia de seus direitos subjetivos mormente ao sistema eleitoral, fazendo com ele, realmente tenha o direito subjetivo de votar, bem como o direito de comparecer ao pleito eleitoral e acaso abstenha-se desse ato, nenhuma sanção lhe seja imposta; assim, tem-se que o voto facultativo é que reflete o estado de consciência política do cidadão, portanto, o voto lançado na urna, de fato, será o reflexo, das convicções do eleitor que vota porque sabe que a sociedade precisa evoluir e essa evolução somente é possível através do voto consciente, ilidindo, assim, o chamado "voto de cabresto", como dito alhures, que é o voto obtido por meio de aliciadores que incentivam os incautos a votarem em seus candidatos.

A despeito das brilhantes considerações tecidas por aqueles que panegirizam a compulsoriedade do voto, é bom considerar que tal sistema eleitoral fora por muitas décadas aceito pela sociedade brasileira em virtude de sua despolitização, pois, como diz o saudoso Darcy Ribeiro[107], antropólogo e escritor brasileiro; o Brasil ao ser "achado" pelos portugueses teve a monarquia como forma de governo, era o absolutismo brasileiro, posto que o rei, é quem detinha todo o poder, portanto, ele era o Soberano, e não o povo. Assim, somente em 1889 com o advento da proclamação da república, é que o povo conhecera, de fato, a liberdade através da democracia, posto que iniciava-se o processo de criação e estabilização do Estado Democrático de direito, assim, o povo vivera muitos anos em Estado de direito, somente, portanto, não tinha sua liberdade de fato, pois o monarca é quem era o destinatário dos beneplácitos oriundos da atividade estatal, pois tinha abastado padrão de vida, em detrimento das difíceis condições a que sujeitava o povo, a sociedade.

Para que haja o crescimento do Estado Democrático de direito, dentro do Estado brasileiro, necessário se faz a adoção do sistema facultativo eleitoral, mediante Lei Complementar devidamente aprovada pela Câmara dos

---

[107]- RIBEIRO, Darcy. **O Povo Brasileiro. A formação e o sentido do Brasil**. 2ª ed. São Paulo-SP: Companhia das Letras, 1995.

Deputados e pelo Congresso Nacional, em detrimento da compulsoriedade do voto, prevista no artigo 14 "Caput" e § 1º, Inciso I, haja vista o fato de que se trata de cláusula pétrea insculpida na Carta Magna de 1988. Destarte, para fins de demonstrar que a faculdade de votar contribui para a politização do cidadão, bem como para o crescimento do país em virtude escolha feita pelos cidadãos, posto que, uma vez que são livres para votar, bem como, para comparecerem ao pleito eleitoral, não têm motivos para votarem em candidatos despreparados, pois se estão votando o fazem de modo consciente, e não por imposição legal.

Nesse sentido, tem-se que o voto nas Américas[108], isto é nos países em que o voto é facultativo representam o resultado da consciência política do eleitor, bem como no grau de preparação e condições políticas do candidato, pois, esse tem que convencer o eleitor a ir até o pleito e exercitar o seu direito de voto, e então o resultado dessa faculdade é que nos países em que o voto é facultativo há maior desenvolvimento em todos os setores, desde a ciência política, propriamente dita, bem como às finanças, que permitem a eles manterem a qualidade de vida de seus cidadãos observados os seus direitos fundamentais e irrenunciáveis. Dessarte, deflui-se desse entendimento que os cidadãos dos países que adotam o sistema de voto facultativo, têm maior consciência política. Destarte, tem-se na América do Norte os países: Canadá, que é membro da Comunidade Britânica; Estados Unidos da América; na América Central e Caribe: El Salvador, Honduras, Nicarágua, Cuba, Haiti e demais países membros da

---

[108] - SOARES, *op. cit.*, p.17.

comunidade britânica: Jamaica, Belize, Bahamas, Trinidad e Tobago, Barbados, Granada, Antígua e Barbuda, Santa Lúcia, São Vivente e Granadinos; América do Sul: Suriname, Guiana que é membro da Comunidade Britânica, Colômbia, Paraguai. Portanto, tem-se os países anglófonos, que são aqueles integrantes da comunidade britânica e Estados Unidos da América, que, também, adotam o voto facultativo.

Por fim, tem-se os países que adotam o voto compulsório, quais sejam: na América do Norte: México; na América Central: Guatemala, Costa Rica, Panamá e República Dominicana; na América do Sul: Brasil, Venezuela, Equador, Peru, Bolívia, Chile, Argentina e Uruguai; são os países que têm em sua história as marcas das dificuldades, principalmente financeiras, sendo que o povo acostumara-se à sofreguidão e para participarem de uma vida mais salutar, em todos os aspectos, no caso do Brasil, necessário é que haja a liberdade política, na plena acepção do termo, para que possa contribuir significativamente para o crescimento do país, bem como do Estado democrático de direito, dentro do Estado brasileiro.

Portanto, é momento para a reflexão no sentido de mudanças, tal qual às ocorridas ao longo da história, e embora alguns acreditem não ser possível alcançar tal estágio de independência, temos que lembrar dia após dia das palavras do insigne professor Mário Sérgio Cortella, que em palestra salientou a necessidade de refletirmos sobre um brocardo latino, há muito, dito pelos romanos, qual seja: "O impossível não é um fato, é uma opinião"[109]; pois coisas que antes pareciam intangíveis, hoje são fatos, tal qual a nossa liberdade como seres humanos, por isso são imprescindíveis as mudanças e essas, começam agora, porque: "O impossível não é um fato, é uma opinião. A tua opinião."

Fim

****

---

[109] - CORTELA, Mário Sérgio. Reitor do curso de Filosofia da PUC-MG, participação em palestra realizada pela OAB/SP, no teatro Gazeta-SP, em 19 abr. 2012.

BIBLIOGRAFIA

BARRETO, Alex Muniz. **Direito Constitucional**, 2ªed, São Paulo:SP, CL EDIJUR: 2011.

BOBBIO, Norberto. **Estado, Governo, sociedade: para uma teoria geral da política**, 2000.

BRASIL. **Constituição Federal**, Brasília, DF: Senado Federal em 05 de outubro de 1988.

CASTRO, Flávia Lages de, **História do Direito Geral e Brasil**, 5ª ed, Rio de Janeiro-RJ:Livraria e editora Lumen iuris.

CHAUÍ, Marilena, **Convite à filosofia**. 8ª ed. São Paulo: Atica,1997.

HOBBES, Thomas, **O Leviatã**, São Paulo: Abril Cultura, 1974 (Os Pensadores).

KELSEN, Hans, **Teoria pura do direito,** Trad. João Baptista Machado 6ª edição São Paulo: Martins Fontes 2001.

LENZA, Pedro, São Paulo: **Direito Constitucional Esquematizado**, 13º ed, ed: Saraiva.

MELLO, Celso Antônio Bandeira de, **Representativos e Democracia**.In: Rocha, Carmem Lúcia Antunes:Veloso, Carlos Mario da Silva. **Direito Eleitoral**. Belo Horizonte, MG, Del Rey, 1996.

NASCIMENTO, Tupinambá Miguel Castro, **Considerações sobre o voto facultativo**, Revista do TER/RS, Porto Alegre.v.5, n, 10 jan/jun. 2000.

PEDRO, Antônio; LIMA, Lizânias de Souza, **História da Civilização Ocidental**, colab. esp. Yone de Carvalho. 2ª ed. São Paulo: FTD, 2005. vol. Único.

PESSANHA, José Américo Motta; Poética / Aristóteles. **Ética a Nicômaco**; seleção de textos. — 4. ed. — São Paulo: Nova Cultural, 2001. — (Os pensadores; v. 2)

RAMAYANE, Marcos, **Dir. Eleitoral**, 6ª ed, rio de Janeiro-RJ: Impetus, 2006, 688 p.; 16x23cm.

RIBEIRO, Darcy, **O Povo Brasileiro. A formação e o sentido do Brasil**, 2ª ed. São Paulo-SP: Companhia das Letras, 1995.

ROCHA, Ruth. **Grande Enciclopédia Larousse Cultural**. São Paulo: Universo, 1988 - vol. 4.

ROUSSEAU, Jean Jacques. **Do contrato social**. 5ª ed. São Paulo-SP: Saraiva, 2001. versão para e-books em <www.ebooksbrasil.com> março 2002, by MORES, Ridendo Castigat.

SANTANA, Jair Eduardo, **Direito Eleitoral Resumido**, Belo Horizonte - MG: Inédita, 2000. 208 p., CDD:324.0981, CDU: 342.8(81).

SILVA, De Plácido e. **Dicionário Jurídico**. 15ª edição. Rio de Janeiro:Forense. 1999.

SOARES, Paulo Henrique, **Vantagem e desvantagem do voto obrigatório e do voto facultativo**, ed. 1ª, Brasília - DF:Consultoria Legislativa do Senado Federal, 2004.

<http://www.jusbrasil.com.br/topicos/2691430/se-e-ordem-nao-e-facultativo> noticiado em 31 mai. 2010; acesso em 20 nov. 2012, 12h00min.

<http://www.fabiocampana.com.br/2010/05/voto-obrigatorio-divide-o-pais/> noticiado em 29 mai. 2010; acesso em 20 nov. 2012, 12h20min.

<http://www.infoescola.com> acesso em 02 set. 2012, 11h50min.

<http://www.infopedia.pt/$juramento-do-jogo-da-pela> em 02 set. 2012, 11h40min.

<http://www.planalto.gov.br/ccivil_03/constituicao/constitui%C3%A7ao24.htm>acesso em 12 nov. 2012, 23h00min.

OUTRAS OBRAS D0 AUTOR

1. ROCHA, Charles. O VOTO FACULTATIVO NO ESTADO DEMOCRÁTICO DE DIREITO. Livro eletrônico, 1ª ed. Biritiba-Mirim. SP: Ed. Do Autor, 2022.

Dados Internacionais de Catalogação na Publicação (CIP)
(Câmara Brasileira do Livro, SP, Brasil)
Rocha, Charles
O voto facultativo no Estado Democrático de
Direito [livro eletrônico] / Charles Rocha. -- 1. ed.
-- Biritiba-Mirim, SP : Ed. do Autor, 2022.
    KPF
Bibliografia.
ISBN 978-65-00-54932-4
1. Democracia - Brasil 2. Direito constitucional -
Brasil 3. Estado de Direito 4. Política - Brasil 5.
Votos (Eleições) - Brasil I. Título.
22-132947   CDU-342.8(81)
Índices para catálogo sistemático:
1. Brasil: Direito eleitoral 342.8(81)
Eliete Marques da Silva - Bibliotecária - CRB-8/9380

ISBN: 978-65-00-54932-4

9 786500 549324

SOBRE O AUTOR

Figura 26 - Imagem do Autor by DIAS, João Rafael Silva, Arujá-SP, Brasil, verão 2019.

Fonte: Imagem **DIAS**, João Rafael Silva por Gabriela Rosa Coelho[110]

Charles Rocha*, brasileiro, nascido em São Sebastião do Maranhão – MG, radicado no Estado de São Paulo, é advogado inscrito na OAB/SP, militante nas áreas do Direito: Cível, Penal, Trabalhista e Imobiliária, dentre outras; com especialização em Direito Processual Civil pela Universidade de Araraquara - UNIARA, também é Mestrando em Ciências Jurídicas na Universidad Columbia em Asunción-PY, através da mediação do Instituto Educacional IDEIA sediado na cidade e Estado do Rio de Janeiro.

*Pseudônimo utilizado pela pessoa física Carlos José, nos termos do Art. 19, do Código Civil; Art. 12 e Art. 24, II, da Lei nº 9.610/98.

Blog: https://charlesrocha-wr.blogspot.com

---

[110] - Disponível em: <https://pixabay.com/pt/users/gabyrcphotos-27120226/?utm_source=link-attribution&utm_medium=referral&utm_campaign=image&utm_content=7208530> Acesso em: 21.mai.2022.

Figura 27 - Praia do Indaiá, Bertioga, SP, Brasil, inverno/2021.

Fonte: Compilação do autor. Imagem de Gabriela Rosa Coelho por Pixabay By Gabyrcphotos[111].

---

[111] - Disponível em: <https://pixabay.com/pt/users/gabyrcphotos-27120226/?utm_source=link-attribution&utm_medium=referral&utm_campaign=image&utm_content=7221831> Acesso em 08.mai.2022.

Made in the USA
Columbia, SC
25 June 2023

19230571R00095